Crecimiento Personal para Chicas Adolescentes Construyendo Confianza y Fortaleza

Crecimiento Personal para Chicas Adolescentes Construyendo Confianza y Fortaleza

11 Historias Inspiradoras de Superación Personal que Fomentan la Autoestima y la Mentalidad de Crecimiento

Aria Capri Publishing Group
Devon Abbruzzese
Mauricio Vasquez

Toronto, Canada

Autores:
Aria Capri Publishing Group
Devon Abbruzzese
Mauricio Vasquez

Primera impresión: Enero 2025

ISBN 978-1-998402-98-4 (Libro de tapa blanda)
ISBN 978-1-998402-99-1 (Libro de tapa dura)
ISBN 978-1-998729-00-5 (Libro electrónico)

Para nuestra hija, Aria

Eres el corazón y la inspiración detrás de cada página de este libro. Tu valentía, curiosidad y fortaleza nos recuerdan cada día por qué creer en nosotros mismos es el mejor regalo que podemos darnos.

Devon & Mauricio

¡Descubre Más Inspiración para Tu Hijos!

¿Te encantó este libro? ¡Hay mucho más esperando para tu hija o hijo! Escanea el código QR para explorar:

- Historias inspiradoras.
- Herramientas para fomentar la confianza.
- Cuadernos de actividades para fortalecer la autoestima y la resiliencia.

 ¡Escanea ahora y continúa el camino para la autorrealización!

Table of Contents

Introducción

Bienvenidos a una colección de historias sobre valentía, crecimiento y autodescubrimiento. En estas páginas, conocerás a once jóvenes que enfrentan los desafíos de descubrir quiénes son y dónde encajan. Desde la presión académica hasta el deseo de pertenecer, estas chicas se enfrentan a luchas que tal vez te resulten familiares. Pero, más allá de los retos, estas historias ofrecen algo más: un camino hacia la construcción de la autoconfianza y la autoestima.

Ser adolescente puede ser complicado. Hay presión para destacar en la escuela, seguir las tendencias de la sociedad, cumplir con las expectativas de las amigas o la familia, y encajar en un mundo que cambia constantemente. Es fácil sentirse insuficiente o creer que debes ser perfecta para ser valorada. Pero la perfección es un mito, y tu valor no depende de cómo te compares con estándares impuestos por la sociedad o tu misma. Este libro está aquí para recordarte esa verdad.

Cada historia en esta colección explora un desafío diferente, pero en el fondo, todas comparten el mismo mensaje: la confianza no proviene de ser impecable, y la autoestima no se trata de buscar la aprobación de los demás. En cambio, se trata de abrazar tus cualidades únicas, tal y como son, aprender de tus experiencias y darte cuenta de que eres valiosa tal como eres.

A lo largo de sus viajes, los personajes de este libro descubren que la verdadera confianza nace desde adentro. Aprenden a superar tropiezos, enfrentar sus miedos y celebrar su individualidad. Ya sea encontrando fuerza después de un desafío, abrazando sus pasiones creativas o aprendiendo a hacer que su voz sea escuchada.

Este libro es para cualquiera que alguna vez se haya sentido insegura, haya dudado de sus habilidades o haya luchado por sentirse aceptada. Es para quienes quieren sentirse más seguras de si misma y creer en su valor.

Mientras leas estas historias, espero que encuentres reflejos de tus propias experiencias. Espero que te sientas inspirada por la resiliencia de estos personajes y recuerdes que la confianza y la autoestima se construyen. Está bien cometer errores. Está bien sentirse vulnerable. Y está más que bien ser exactamente quién eres.

Así que, comencemos. Juntas, exploremos el poderoso, desordenado y hermoso proceso de convertirte en una mejor y más segura versión de ti misma. El viaje empieza aquí.

<u>Comparte la Sabiduría</u>

Querida lectora o lector:

Gracias por elegir este libro para inspirar confianza y fomentar el crecimiento en la adolescente que forma parte de tu vida. Tu opinión es muy importante para mí y ayuda a que otras personas descubran estas historias llenas de empoderamiento.

Como autores independientes, tu reseña desempeña un papel crucial en la difusión del mensaje de este libro. Simplemente escanea el código QR que aparece a continuación para compartir tus pensamientos. Tomará solo un momento, pero hará una gran diferencia.

Tu apoyo significa el mundo para nosotros, y estamos profundamente agradecidos.

Con gratitud,

Devon y Mauricio

Cómo Usar Este Libro

¡Bienvenida! Tienes en tus manos un libro que es mucho más que una simple colección de historias. Es un viaje, una guía y, con suerte, un amigo que te ayudará a atravesar algunos de los momentos más desafiantes de la vida. Ya sea que estés buscando inspiración, ganar confianza o simplemente conectar con personajes que se sienten tan reales como tu propio reflejo, este libro está diseñado para acompañarte donde te encuentres.

Empieza Donde Lo Necesites

Cada capítulo de este libro presenta a un personaje diferente que enfrenta desafíos que podrían resultarte familiares. Desde lidiar con el perfeccionismo hasta luchar por expresare, cada historia aborda temas de resiliencia, autoconfianza y autoestima. No necesitas leer las historias en orden; piensa en este libro como una caja de herramientas. Comienza con la historia que más resuene contigo, ya sea superar el miedo al fracaso, abrazar tu individualidad o encontrar equilibrio en tu vida.

Reflexiona y Relaciónate

Después de cada historia, tómate un momento para reflexionar. Pregúntate:

- ¿Qué partes de esta historia resuenan conmigo?

- ¿He enfrentado desafíos similares? ¿Cómo respondí?

- ¿Qué puedo aprender del viaje del personaje?

Notarás que los personajes suelen tener monólogos internos que reflejan sus pensamientos y emociones. Usa estos momentos para conectar con tus propios sentimientos. Incluso podrías escribir tus reflexiones en un diario. Considera escribir sobre tus experiencias, victorias o incluso sobre aquello que aún sientes como un desafío. Hay poder en plasmar tus pensamientos en palabras.

Da Pequeños Pasos

Las lecciones de este libro no tratan de hacer cambios enormes de la noche a la mañana. Más bien, se centran en reconocer pequeños y significativos avances. Tal vez una historia te inspire a participar más en clase. Otra podría animarte a tomarte un descanso cuando te sientas abrumada. Cada paso, por pequeño que sea, te acerca a abrazar tus fortalezas únicas y a desarrollar tu confianza.

Usa los Momentos de Pausa

A lo largo del libro, encontrarás momentos en los que los personajes se detienen a reflexionar, a menudo a través de un pensamiento interno o una conversación con un mentor. Estos son tus momentos para detenerte también. Piensa en el consejo que le darías a una amiga en una situación similar, o en el consejo que te gustaría darte a ti misma. Este libro trata tanto de aprender de los demás como de aprender de ti misma.

Comparte y Discute

A veces, la mejor manera de entender algo es compartiéndolo. Si una historia en particular te emociona, habla de ella con una amiga, tu mama o un profesor. Compartir tus pensamientos puede generar conversaciones interesantes y ayudarte a ver que no estás sola en tus experiencias.

Sé Amable Contigo Misma

Este libro trata de aceptar que quién eres, con todas tus imperfecciones. Mientras lees, recuerda: el crecimiento no es lineal, y está bien tener tropiezos. Los personajes de estas historias no logran sus avances de un solo golpe: tropiezan, reflexionan y se levantan de nuevo. Date a ti misma esa misma oportunidad.

Un Viaje para Hoy... y para Mañana

Es posible que vuelvas a este libro en diferentes momentos de tu vida. Lo que resuena contigo hoy podría sentirse diferente dentro de unos meses o años. Esa es la belleza del crecimiento: es un proceso continuo. Deja que este libro sea un compañero en tu camino, recordándote que cada desafío es una oportunidad para aprender y que cada tropiezo es una oportunidad para levantarte y mejorar.

Pensamientos Finales

Eres capaz de cosas increíbles. Este libro está aquí para recordártelo. Cada historia es un espejo que refleja la fortaleza y el coraje que ya existen dentro de ti. Tómate tu tiempo, sé paciente contigo misma y recuerda: tu valor no se define por logros o validaciones externas. Se encuentra en la manera en que abrazas tu verdadero yo, todos los días.

Ahora, comencemos. Tu viaje te espera.

Historia 1 – "Encontrando Su Voz"

Aria se paró frente al espejo, con su reflejo devolviéndole una mirada crítica. Sus dedos jugueteaban con el borde de su suéter, un azul profundo que se suponía debía resaltar sus ojos, pero que ese día sentía que acentuaba todo lo que estaba mal.

Por más que lo intentaba, no podía ver nada bueno en lo que el espejo le mostraba. Cuanto más se miraba, más defectos parecían aparecer: su cabello, que nunca caía de la manera que deseaba; su piel, que no era tan clara como le gustaría; y su figura, que siempre comparaba con la de las otras chicas de la escuela.

"¿Por qué no puedo verme como ellas?" pensó, con el corazón encogiéndose. En su mente, siempre había una comparación, siempre una forma en la que no daba la talla.

Aria se recogió el cabello en una apretada cola, esperando lucir presentable. Pero incluso al salir de su habitación, las dudas la seguían como una sombra.

En la escuela, la sensación de no ser suficiente se hacía más pesada con cada paso por los abarrotados pasillos. Aria mantenía la mirada fija en el suelo, evitando las miradas de sus compañeros. Podía oír las risas de las chicas populares mientras pasaban, su confianza y belleza desplegándose sin esfuerzo. Aria se sentía invisible, y prefería que fuera así. Ser notada significaba ser juzgada, y ya tenía suficientes juicios en su propia cabeza para añadir las opiniones de los demás.

El día pasó lentamente, entre clases interminables y una ansiedad que no decía nada, pero se sentía en todo. Para cuando sonó la última campana, estaba exhausta de la batalla mental que libraba cada día.

Pero algo diferente la esperaba cuando entró al auditorio para la asamblea escolar. La voz del director resonó en la gran sala, anunciando el próximo concurso de talentos. Por un momento, el corazón de Aria dio un salto.

Cantar siempre había sido su pasión secreta, una forma de escapar de la constante autocrítica, pero la idea de participar frente a otros hacía que su estómago se retorciera de miedo.

"Solo las más bonitas y talentosas deberían siquiera intentarlo". La voz de Jenna resonó, atravesando el murmullo de la multitud. Sus palabras golpearon a Aria como un puñetazo en el estómago.

"Tiene razón", pensó Aria, y el breve destello de esperanza se apagó tan rápido como había aparecido. *"No hay manera de que pueda hacer eso"*.

Después de la asamblea, Aria se encontró frente a la hoja de inscripción del concurso de talentos, con su mano suspendida sobre el bolígrafo. El pasillo estaba casi vacío, pero el peso de la decisión era abrumador. ¿Podría realmente exponerse y arriesgarse a ser vista y juzgada? Las dudas llenaron su mente y, con un suspiro pesado, se alejó, su corazón cargado de decepción y alivio. Había dejado que el miedo ganara, eligiendo una vez más la seguridad de la invisibilidad sobre el riesgo de ser rechazada.

Más tarde, en la tranquilidad del aula de música, Aria estaba sola frente al piano, sus dedos trazando las teclas sin presionarlas. El aula se sentía como el único lugar donde podía ser ella misma, lejos de las presiones y los juicios del mundo exterior. Ni siquiera notó cuando la Sra. Harper, la profesora de música, entró.

"Tienes una voz hermosa, Aria", dijo la Sra. Harper, con una voz cálida y amable. *"Te he escuchado cantar cuando piensas que nadie está escuchando"*.

Aria levantó la mirada, sorprendida. *"Pero no soy lo suficientemente buena"*, murmuró, con las dudas familiares subiendo a la superficie. *"No soy como las otras chicas. Yo no puedo..."*

"Aria, tu voz es única, como tú", interrumpió suavemente la Sra. Harper. *"No importa lo que piensen los demás. Lo que importa es cómo te sientes cuando cantas. ¿Lo amas?"*

Aria vaciló, luego asintió lentamente. *"Sí, lo amo"*, admitió en un susurro. *"Pero..."*

"Nada de peros", sonrió la Sra. Harper. *"No dejes que el miedo te impida hacer lo que amas. El mundo necesita escuchar tu voz"*.

Al salir del aula de música, las palabras de la Sra. Harper resonaban en la mente de Aria. Por primera vez en mucho tiempo, sintió un destello de esperanza. Tal vez, solo tal vez, podría encontrar el valor para salir de las sombras. Pero las dudas seguían allí, acechando en las esquinas de su mente, esperando el momento adecuado para arrastrarla de nuevo hacia abajo.

El corazón de Aria latía con fuerza en su pecho mientras se paraba frente a la hoja de inscripción una vez más. El pasillo estaba vacío, pero su mente estaba abarrotada con los ecos de las dudas que la habían detenido la primera vez. Miró las líneas en blanco, con el bolígrafo temblando en su mano. Una pequeña voz dentro de ella la instaba a alejarse, a mantenerse segura en la comodidad de la invisibilidad. Pero las palabras de la Sra. Harper seguían repitiéndose en su mente: *"Tu voz es un regalo. No dejes que el miedo te impida hacer lo que amas."*

Tomando una respiración profunda, Aria obligó a su mano a mantenerse firme y rápidamente escribió su nombre en la lista. No fue perfecto, pero estaba ahí: su primer paso hacia algo nuevo, algo aterrador. El peso del bolígrafo parecía más pesado de lo que había imaginado, como si firmar su nombre no solo fuera un compromiso para actuar, sino un compromiso consigo misma.

Tan pronto como terminó de escribir su nombre, una oleada de ansiedad la invadió. *"¿Qué he hecho?"* pensó, con el corazón acelerado.

Podía casi escuchar los murmullos de sus compañeros, las miradas críticas, las risitas a sus espaldas. El miedo era casi paralizante, pero mezclado con ese miedo había un pequeño destello de algo más: algo parecido al orgullo. Por una vez, no había dejado que el miedo ganara.

Los días antes del concurso de talentos se desvanecieron entre ensayos constantes y un pánico silencioso que no dejaba de estar presente. Cada vez que se paraba en el escenario para practicar, se sentía expuesta, vulnerable, como si todos los ojos en la sala estuvieran enfocados en sus defectos. La primera vez que cantó, su voz temblaba, y apenas podía mantener la mirada de aliento de la Sra. Harper.

"Inténtalo de nuevo, Aria", dijo la Sra. Harper con suavidad, su voz como un ancla en la tormenta de nervios de Aria. *"Cierra los ojos si lo necesitas, pero recuerda por qué estás aquí"*.

Aria asintió, respirando profundamente. Cerró los ojos, bloqueando las sillas vacías y el abrumador miedo al fracaso. Mientras cantaba, algo dentro de ella cambió. Por un momento, no se trataba de cómo se veía o de cómo los demás la juzgarían; se trataba de la música, de expresar algo que no podía poner en palabras.

Al terminar, la Sra. Harper sonrió, con una expresión de orgullo sereno reflejada en sus ojos. *"Esa es la Aria que conozco"*, dijo. *"Eres más fuerte de lo que crees."*

A pesar del apoyo de la Sra. Harper, las dudas persistían. A medida que se acercaba el concurso, la tensión dentro de Aria se tensaba como un resorte enrollado. Cada mañana, se miraba en el espejo, y sus antiguas inseguridades volvían a aparecer. Veía las imperfecciones, los defectos que no podía ocultar, y se preguntaba si estaba cometiendo un error al exponerse.

La noche antes del concurso, Aria se sentó en su cama, mirando la partitura en su regazo. Sus manos temblaban mientras trazaba las notas en la página, la melodía familiar sintiéndose extraña bajo el peso de su ansiedad. *"¿Y si fracaso? ¿Y si me paro en ese escenario y todo lo que veo son los ojos críticos de mis compañeros?"*

"Eres única, Aria. Y esa es tu fortaleza." Las palabras de la Sra. Harper resonaron en su mente, un salvavidas en el torbellino de dudas.

Con un respiro tembloroso, Aria dejó la partitura a un lado y cerró los ojos. Se imaginó a sí misma en el escenario, pero esta vez, en lugar de ver los rostros de los demás, se imaginó cantando sola, solo para ella. Por primera vez, se permitió creer que tal vez, solo tal vez, no se trataba de demostrar algo al mundo. Tal vez se trataba de demostrarse algo a sí misma.

El pensamiento era tanto aterrador como liberador. Aria abrió los ojos, con una nueva resolución creciendo en su interior. Mañana subiría al escenario. No por ellos, sino por ella misma. Y tal vez, solo tal vez, eso sería suficiente.

El día siguiente llegó como una ola de anticipación, estrellándose en el estómago de Aria. Apenas podía concentrarse durante las clases de la mañana, su mente divagando hacia el escenario que la esperaba. A medida que avanzaba el día escolar, el murmullo de sus compañeros resonaba a su alrededor, pero Aria estaba distante, sus pensamientos girando en torno a las líneas de su canción. Para cuando sonó la última campana, el peso de lo que estaba por venir se sentía más pesado. Pero este era su momento.

Al entrar al auditorio, las luces estaban tenues y un suave murmullo de conversaciones llenaba el aire. Sus palmas estaban húmedas, y su corazón latía al compás del reloj, contando los minutos hasta su actuación. Mientras esperaba detrás del escenario, Aria inhaló profundamente, los sonidos de las otras actuaciones apenas registrándose mientras repasaba mentalmente su pieza. Podía sentir su corazón golpeando con fuerza, pero con cada latido se recordaba a sí misma por qué estaba haciendo esto: no por ellos, sino por ella.

La nota final de la canción de Aria flotó en el aire, resonando en el auditorio como una promesa susurrada. Por un instante, hubo silencio, el tipo de silencio que crece antes de que algo grande suceda. Aria permaneció en el escenario, con el corazón latiendo, los ojos aún cerrados, como si pudiera aferrarse a la seguridad de ese momento un poco más.

Luego, comenzó el aplauso. Comenzó suavemente, como un murmullo tentativo, y luego creció hasta convertirse en una ola que llenó la sala con una calidez que le quitó el aliento. Aria abrió los ojos, parpadeando con incredulidad ante los rostros que la miraban, todos sonriendo, aplaudiendo, no juzgando, no riendo—simplemente apreciando.

Había logrado hacerlo. La realización la golpeó como un rayo de sol tras una larga noche tormentosa. Había enfrentado sus miedos, se había parado bajo los reflectores y se había permitido ser vista, no como la chica que siempre intentaba esconderse, sino como alguien que tenía algo valioso que compartir. Y ellos la habían visto, realmente la habían visto, por quien era.

La Sra. Harper estaba al borde del escenario, sus ojos brillando de orgullo. Aria encontró su mirada y, por primera vez, no apartó la vista con vergüenza o duda. En su lugar, sonrió, una sonrisa genuina, sin filtros.

"*Sabía que podías hacerlo*", dijo la Sra. Harper suavemente cuando Aria bajó del escenario, con los aplausos aún resonando en sus oídos.

La sonrisa de Aria se amplió, el peso de sus antiguas inseguridades levantándose, pieza por pieza. "*No estaba segura de poder hacerlo*", admitió, su voz firme a pesar del torbellino de emociones dentro de ella. "*Pero una vez que empecé a cantar, ya no se trataba de ellos. Se trataba de mí, y de lo que amo.*"

La Sra. Harper asintió, con una mirada sabia en sus ojos. "*Ese es el secreto, Aria. Siempre ha sido sobre ti abrazando quién eres, no lo que otros ven.*"

A la mañana siguiente, mientras Aria caminaba por el abarrotado pasillo de la escuela, el bullicio familiar de las conversaciones de los estudiantes la rodeaba. Pero esta vez, los sonidos no la abrumaban. No mantenía la mirada fija en el suelo ni intentaba desaparecer entre la multitud. En lugar de eso, caminaba con la cabeza en alto, encontrando las miradas de quienes la rodeaban con una confianza tranquila que nunca antes había sentido.

"¡Hey, Aria!" alguien llamó. Se dio la vuelta para ver a Mia, una de las chicas más calladas de su clase, apurándose para alcanzarla. *"¡Estuviste increíble anoche! Nunca supe que podías cantar así."*

Aria sintió un calor extendiéndose por su pecho, no solo por el cumplido, sino por darse cuenta de que ya no era invisible—y estaba bien con eso. "Gracias, Mia", dijo, su voz llena de genuina gratitud. *"Se sintió bien finalmente compartirlo."*

Mia sonrió, con una pizca de timidez en su expresión. *"Ojalá pudiera ser tan valiente."*

Aria se detuvo, considerando cuidadosamente sus palabras. *"¿Sabes?"*, comenzó, *"yo tampoco pensaba que era valiente. Estaba aterrada. Pero a veces, ser valiente no es no tener miedo. Es hacer algo de todos modos, porque es importante para ti."*

Mia pareció pensativa, y Aria pudo ver una chispa de esperanza en sus ojos—la misma chispa que la Sra. Harper había encendido en ella no hacía mucho tiempo. *"Tal vez... tal vez algún día intente algo así."*

Aria asintió, sintiendo un nuevo propósito floreciendo dentro de ella. *"Y cuando lo hagas, estaré allí para apoyarte."*

Mientras Mia se alejaba, Aria permaneció de pie en el pasillo por un momento, dejando que el peso de todo lo que había ocurrido se asentara en su interior. Ya no era la misma chica que intentaba desvanecerse en el fondo al comienzo del año. Había cambiado y crecido, no solo en la forma en que se veía a sí misma, sino en la manera en que veía el mundo a su alrededor.

El pasillo, que antes estaba lleno de obstáculos y miedos, ahora parecía abierto y lleno de posibilidades. Aria respiró profundamente, sintiendo el ritmo constante de su corazón, y supo que finalmente había llegado a casa—no solo a la escuela, sino a sí misma.

Lecciones de "Encontrando Su Voz"

El viaje de Aria nos muestra el poder de la vulnerabilidad y la autoexpresión, incluso cuando las dudas parecen abrumadoras. Tener coraje no significa no sentir miedo; significa actuar a pesar de él. Al elegir compartir su voz, incluso cuando se sentía insegura e imperfecta, Aria revela una verdad importante: tus fortalezas únicas brillan con más intensidad cuando abrazas quién eres realmente.

Su historia te recuerda que no debes compararte con los demás, porque hacerlo solo te roba la alegría. Tratar de estar a la altura de los estándares de alguien más nunca te permitirá ver tu propio valor. En cambio, la autoestima proviene de valorarte a ti misma por lo que eres, no por cómo te perciben los demás.

La experiencia de Aria también destaca la importancia de tener personas que te apoyen, como la Sra. Harper, cuyo aliento ayudó a Aria a salir de su zona de confort. A veces, las palabras correctas de alguien que cree en ti pueden darte la fuerza para intentar algo nuevo.

Lo más importante es que la valentía de Aria inspira a otros, mostrando que cuando das el primer paso, puedes iluminar el camino para alguien más. Tu coraje tiene el poder de extenderse, ayudando a otros a encontrar su propia fortaleza.

Tienes una voz que vale la pena escuchar, y cuando te permites ser vista, podrías descubrir una confianza que nunca pensaste posible.

Historia 2 – "Más Que Suficiente"

La luz temprana del amanecer se filtraba a través de las persianas, proyectando líneas suaves en el dormitorio de Lila. Abrió los ojos lentamente, sintiendo el peso familiar asentarse en su pecho incluso antes de que sus pies tocaran el suelo. Su mano se extendió instintivamente hacia el teléfono, sus dedos rozando la superficie fría.

"Otro día. Otro recordatorio de todo lo que no soy", pensó Lila mientras abría Instagram, su pulgar deslizándose automáticamente por la pantalla. Rostros perfectos. Piel impecable. Chicas sonrientes y radiantes, con el cabello captando la luz de la manera perfecta. Su mirada se detuvo en la foto de una chica de su edad, y su corazón se hundió.

"¿Por qué no puedo verme así?", se preguntó, sintiendo cómo su estómago se encogía.

Sabía que la influencer de la foto no lucía así todo el tiempo, pero eso no importaba. Todo lo que veía era perfección. Cada deslizar de su dedo la hacía sentirse más invisible, más insignificante, como si las brillantes y editadas fotos en su pantalla drenaran el color de su propio mundo. Tocó su rostro, pasando los dedos sobre un granito cerca de su barbilla. Su piel nunca parecía cooperar.

Con un suspiro pesado, Lila arrojó el teléfono sobre su cama y cruzó la habitación hacia el espejo. La imagen que le devolvió la mirada se sentía como la de una extraña: alguien atrapada entre querer desaparecer y desear ser notada.

"¿Por qué siempre siento que no soy suficiente?" La pregunta resonó en su mente como un eco silencioso, uno del que no podía desprenderse.

"Nunca voy a lucir como ellas." Sus ojos recorrieron la curva de sus mejillas, las pecas que adornaban su nariz. *"No importa lo que haga, siempre hay algo mal."*

Cuanto más miraba, más defectos encontraba: sus cejas desiguales, su cabello que se negaba a estar en su lugar, su cuerpo demasiado suave en todos los lugares equivocados. El peso de todo eso la aplastaba, haciéndola querer volver a meterse bajo las sábanas y esconderse del mundo.

No eran solo las fotos en su feed de Instagram. Era el recordatorio constante de que todos los demás parecían tenerlo todo resuelto. La piel perfecta, las cinturas pequeñas, la confianza sin esfuerzo. Y luego estaba ella. Siempre sintiéndose insuficiente. Siempre creyendo que si se esforzaba un poco más, tal vez se sentiría mejor consigo misma. Tal vez entonces los demás la notarían.

Pero nunca parecía ser suficiente. Sin importar cuántos consejos de belleza probara, sin importar cuántos selfies borrara porque no cumplían con los estándares que había construido en su mente, la persistente voz de duda nunca desaparecía.

Un suave golpe en la puerta interrumpió sus pensamientos. *"¿Lila?"* Era su hermana mayor, Maya, asomando la cabeza por la puerta. *"¿Estás bien? Has estado aquí un rato".*

Lila rápidamente se frotó los ojos, esperando que Maya no lo notara. *"Sí, solo... mirando cosas".*

Maya entró a la habitación, echando un vistazo al teléfono en la cama de Lila y al espejo donde ella estaba parada. No tuvo que preguntar para saber qué estaba pasando por la mente de su hermana. Maya había estado allí antes.

"¿Sabes...?" comenzó Maya con suavidad, sentándose en el borde de la cama de Lila. *"Solía pasar horas mirando mi teléfono, comparándome con la gente en línea. Pensaba que si lograba cambiar una sola cosa, finalmente sería feliz".*

Lila miró a su hermana, con la garganta apretada.

"¿Y funcionó?"

Maya sonrió, una sonrisa suave y comprensiva. *"Para nada. Me di cuenta de que estaba persiguiendo algo que ni siquiera era real. La mayoría de las veces, esas fotos están editadas. Y aunque no lo estén, solo muestran las partes que la gente quiere que veas. Te estás comparando con una ilusión".*

Maya continuó, su voz llena de calidez: *"Eres mucho más de lo que ves en esa pantalla, Lila. Tienes una sonrisa increíble y un corazón enorme. No puedes medir tu valor según el resumen destacado de otra persona".*

Las palabras de Maya resonaron en la mente de Lila. Quería creerle. Quería pensar que no necesitaba cambiar para ser aceptada. Pero las dudas seguían aferrándose a ella como una segunda piel.

"¿Pero cómo dejo de sentirme así?" preguntó Lila, con su voz apenas un susurro. *"¿Cómo dejo de compararme con ellas, cuando está en todos lados?"*

Maya inclinó suavemente la barbilla de Lila para que sus ojos se encontraran. *"Empieza creyendo que ya eres suficiente, tal como eres. Sin filtros, sin ediciones. Solo tú."*

Cuando Maya salió de la habitación, Lila sintió que el peso de su teléfono la llamaba desde la cama. Sería tan fácil volver al hábito: deslizar, comparar y sentirse menos que. Pero por primera vez en mucho tiempo, sintió un pequeño destello de esperanza.

"*Tal vez Maya tenga razón*", pensó. "*Tal vez haya más en mí de lo que he estado dispuesta a ver.*"

El viaje de Lila apenas estaba comenzando. Aunque no tenía todas las respuestas, había tomado un primer paso importante: creer que su valor no estaba en cómo se veía o cómo los demás la percibían, sino en quién era en su interior.

"*No soy perfecta, pero soy más suficiente*", pensó, con una nueva fuerza floreciendo en su corazón.

Al día siguiente, Lila se abrió paso entre los abarrotados pasillos de la escuela, con el sonido familiar de las puertas de los casilleros y las conversaciones llenando el aire. Todo parecía igual que siempre, pero dentro de ella, algo había cambiado.

Cuando llegó a su clase y se sentó en su escritorio, su mirada se posó en su cuaderno en blanco. El murmullo bajo de las voces del pasillo flotaba a su alrededor, pero Lila estaba perdida en sus pensamientos, reflexionando sobre las palabras de Maya una y otra vez.

"*Te estás comparando con una ilusión*". Parecía tan simple cuando Maya lo dijo, pero dejar ir esas comparaciones no era fácil. Cada vistazo a su teléfono la empujaba de nuevo al mismo ciclo interminable: juicios y sentimientos de insuficiencia.

Sus ojos se deslizaron hacia su teléfono, oscuro y silencioso sobre el escritorio, como un desafío mudo.

"*¿Qué pasa si nunca siento que soy suficiente? ¿Qué pasa si este sentimiento nunca se va, sin importar lo que haga?*"

El pensamiento se asentó pesadamente en su pecho. Miró a su alrededor, observando a las otras chicas en el aula: algunas reían, otras revisaban sus teléfonos. Cada movimiento parecía tan seguro, como si no llevaran el mismo peso que ella. Se veían tan cómodas en su piel. Lila jaló la manga de su suéter, cubriendo sus muñecas, como si esconder una parte de sí misma pudiera hacerla invisible.

De repente, la puerta del aula se abrió, y la maestra entró, su voz cortando el velo de pensamientos de Lila. *"Muy bien, todos, guarden sus teléfonos. Hoy les asignaré un proyecto"*.

Lila apenas escuchaba mientras la maestra explicaba: un proyecto personal que mostrara sus fortalezas, algo único de cada estudiante. Cuando mencionó que el proyecto se presentaría en el evento anual de talentos de la escuela, el estómago de Lila se encogió.

La idea de ponerse frente a todos y compartir algo de sí misma hacía que sus palmas sudaran.

"Piensen en lo que los hace ser ustedes mismos. ¿Qué les apasiona? ¿Qué los hace únicos?" dijo la maestra.

Lila sentía que su mente se llenaba de dudas. *"¿Qué pasa si no tengo nada que me haga única? ¿Y si soy... solo ordinaria?"* La palabra se clavó en su mente, dejando una punzada detrás de ella. Había pasado tanto tiempo tratando de encajar, de parecerse a los demás, que ni siquiera sabía por dónde empezar.

Más tarde esa tarde, Lila estaba en la cocina, encorvada sobre el mostrador, deslizando su dedo por su teléfono una vez más, contra su mejor juicio. No se dio cuenta de que lo estaba haciendo hasta que Maya entró. Lila rápidamente bloqueó su teléfono y lo colocó boca abajo en el mostrador, como si eso pudiera borrar la culpa que sentía.

Maya levantó una ceja, pero no dijo nada. En su lugar, colocó una taza de té junto a Lila y se apoyó en el mostrador. *"Parece que algo te preocupa"*.

Lila suspiró.

"Nos asignaron un proyecto hoy. Tenemos que mostrar lo que nos hace únicos, algo que nos apasione, pero no tengo idea de qué hacer".

Todos los demás parecen saber quiénes son, pero yo... no.

Maya frunció el ceño pensativamente antes de sonreír. *"Siempre has tenido una manera increíble con las palabras. He visto los poemas que escribes. ¿Por qué no empiezas ahí?"*

Lila vaciló. *"¿Mis poemas? Pero... nunca los he compartido con nadie. Son solo para mí."*

Maya sonrió con ternura. *"Exactamente. Son tuyos. Eso es lo que los hace especiales. Escribir es cómo ves el mundo. Tal vez sea hora de compartir eso con los demás."*

Esa noche, Lila se sentó en su escritorio de nuevo, con el mismo cuaderno en blanco frente a ella. Esta vez, lo volteó hacia las páginas del final, donde había escrito poemas en secreto durante el último año. Pasó los dedos sobre las palabras, leyendo sus pensamientos más profundos y privados que nunca había dejado que nadie viera.

"Tal vez esto sea lo que soy. Tal vez esto es lo que me hace única."

Tragó saliva, sintiendo un nudo de nervios en el estómago, pero también algo más: algo más ligero. Esperanza.

Lila tomó su lápiz y comenzó a escribir nuevamente, pero esta vez, no solo para ella, sino con la intención de compartir sus palabras con el mundo. No sabía cómo reaccionarían las personas, y esa incertidumbre todavía la asustaba. Pero por primera vez, eso no importaba tanto. Lo que importaba era que estaba haciendo algo por ella misma, algo real y honesto.

Una semana después, el evento anual de talentos de la escuela llegó más rápido de lo que esperaba. Lila pasó los días previos ensayando, escribiendo nuevas líneas y leyendo sus poemas en voz alta en la soledad de su habitación. Sus nervios crecían a medida que se acercaba el día, pero esta vez, junto a la ansiedad, sentía un destello de determinación.

Cuando llegó el momento, Lila se encontraba detrás del telón, esperando a que llamaran su nombre. Sus manos temblaban ligeramente, pero sabía que no había vuelta atrás. Este era su momento.

Cuando subió al escenario y vio la multitud, sintió que las luces cálidas la envolvían, y el bullicio del auditorio quedó en silencio. En sus manos, sostenía su pequeño cuaderno, gastado de tantas veces que lo había hojeado, las páginas dobladas en las esquinas.

"*Esto soy yo*", pensó, tomando una respiración profunda.

Al leer el primer verso, su voz tembló ligeramente, pero con cada palabra, se volvió más fuerte. Lila compartió su poema completo, dejando salir su verdad, sus miedos y su fuerza. Y cuando terminó, el auditorio se llenó de aplausos.

Por primera vez, no se sintió invisible. Se sintió vista.

Cuando bajó del escenario, su amiga, Maya estaba esperándola con una gran sonrisa. "*Estuviste increíble, Lila.*"

Lila sonrió también, esta vez una sonrisa real y segura. "*Gracias. Se sintió... bien. Realmente bien*".

Ese día, Lila entendió algo importante: no necesitaba ser perfecta. Su autenticidad era suficiente, y siempre lo había sido.

El lunes siguiente, mientras caminaba por los pasillos de la escuela, el bullicio de los estudiantes seguía siendo el mismo, pero algo en Lila había cambiado. Ya no mantenía la cabeza baja ni tiraba de las mangas de su suéter para ocultarse. En cambio, caminaba con una confianza tranquila, aunque todavía nueva y algo frágil.

A medida que pasaba por las filas de casilleros, notó a algunas personas mirándola, algunas incluso sonriendo. Antes, esas miradas habrían encendido su ansiedad, haciéndola querer desaparecer. Ahora, aunque todavía sentía un nudo en el estómago, lo interpretaba de una manera diferente: "*Me están viendo, no porque juzguen, sino porque me escucharon.*"

Al llegar a su casillero, una voz familiar la llamó, "*¡Lila!*"

Se dio la vuelta para ver a Emma, una chica de su clase de arte. Emma parecía un poco nerviosa mientras se acercaba.

"Solo quería decirte que me encantó tu poema en el evento de talentos. Fue… realmente hermoso."

Lila parpadeó, sorprendida, pero la calidez de las palabras de Emma rápidamente llenó su pecho.

"Oh, gracias" respondió, sonriendo con timidez. *"Significa mucho para mí."*

Emma asintió, como si intentara reunir valor para decir algo más. *"¿Sabes? A veces me siento como tú describiste en tu poema… como si no fuera suficiente. Escucharte me hizo darme cuenta de que tal vez no estoy sola en eso."*

Las palabras de Emma resonaron profundamente en Lila. Por primera vez, entendió que compartir su voz no solo había sido un acto de valentía para ella, sino también un puente para conectar con los demás.

"No estás sola" dijo Lila, su voz firme y sincera. *"Y estoy aquí si alguna vez necesitas hablar"*.

Emma sonrió, visiblemente aliviada, antes de despedirse para ir a clase. Lila la observó marcharse, sintiendo algo completamente nuevo: orgullo. No solo por haberse atrevido a compartir su poema, sino por haber llegado a alguien más con sus palabras.

Esa tarde, Lila volvió a su habitación y se sentó frente al espejo. Por un momento, la imagen que reflejaba le pareció extraña, pero esta vez no porque estuviera buscando defectos. Ahora veía a una chica que estaba aprendiendo a aceptar su verdadero yo, una chica que había descubierto que su valor no estaba en lo que veía en el espejo o en los filtros de las redes sociales.

"No soy perfecta, y está bien así. Tal como soy, soy suficiente."

Lila abrió su cuaderno de poesía y comenzó a escribir. Las palabras fluían fácilmente, cada línea cargada de honestidad y emoción. Pero esta vez, no escribía solo para ella. Escribía para la chica que necesitaba escuchar que no estaba sola. Para la chica que se sentía invisible o insuficiente. Para cualquiera que alguna vez dudara de su valor.

En los días siguientes, Lila comenzó a notar pequeños cambios. Ya no se sentía tan atrapada por los estándares imposibles de las redes sociales. Aunque seguía teniendo momentos de duda, ya no la controlaban. Ahora tenía algo más fuerte: una conexión con su verdadero yo y la certeza de que su voz tenía un propósito.

El impacto de su poema continuó extendiéndose. Compañeros de clase se le acercaban para decirle cuánto los había inspirado su participación. Incluso la maestra del proyecto de talentos le pidió que compartiera más de su trabajo con el grupo.

Lila no podía evitar sonreír al darse cuenta de que, al ser vulnerable y auténtica, había encontrado algo mucho más valioso que la aprobación de los demás: había encontrado su fuerza interior.

Y en cada poema que escribía, en cada conversación que tenía, se repetía a sí misma una verdad que finalmente había hecho suya:

"Soy más que suficiente. Siempre lo he sido."

Lecciones de "Más Que Suficiente"

La historia de Lila nos recuerda que tu valor no está definido por lo que ves en una pantalla o en un espejo. Es fácil quedar atrapada en las comparaciones y creer que necesitas cambiar para ser aceptada, pero la verdadera belleza radica en ser auténticamente tú. La perfección filtrada en las redes sociales no es la vida real, y perseguirla solo te dejará con un vacío. En su lugar, enfócate en lo que te hace única: tus pasiones, tu amabilidad y tu voz.

La sabiduría de Maya para Lila destaca una verdad importante: la autoaceptación comienza cuando dejas de intentar compararte con los demás. No necesitas cambiar para ser suficiente; ya lo eres. Cada rasgo físico, cada imperfección, cada fortaleza y cada lucha forman parte de la persona que solo tú puedes ser.

El coraje de Lila para compartir su poesía nos enseña que la vulnerabilidad es una fortaleza, no una debilidad. Cuando permites que los demás vean tu verdadero yo, creas conexiones e inspiras a quienes te rodean. Los aplausos que recibió Lila no fueron por ser perfecta, sino por ser valiente, auténtica y fiel a sí misma.

Recuerda: tu voz importa. Tu singularidad es tu poder. Y no importa lo que diga el mundo, eres más que suficiente: siempre lo has sido y siempre lo serás.

Historia 3 – "Dibujando con Fuerza"

La luz de la mañana se filtraba a través de las persianas a medio cerrar del cuarto de Ava, proyectando sombras suaves sobre el espacio familiar que la rodeaba. Permanecía inmóvil en la cama, mirando por la ventana. Había un peso en su pecho, ese dolor sordo al que ya se había acostumbrado. Suspiró, tirando de las mantas como si pudieran protegerla del mundo exterior.

Su teléfono vibró en la mesa de noche, y, de manera instintiva, lo tomó, pasando los dedos por la fría superficie de la pantalla. Las redes sociales eran un ritual—uno que no disfrutaba particularmente, pero del que tampoco podía desprenderse. Su pulgar se movía sin rumbo, pasando por fotos perfectamente curadas de sus compañeras, sus rostros sonrientes, un cruel contraste con lo que ella sentía por dentro.

"¿Por qué hacen que parezca tan fácil?" pensó Ava, sintiendo un nudo familiar apretarse en su estómago. *"¿Cómo siempre logran verse tan... perfectos?"*

Se detuvo en una foto de un grupo de chicas de su escuela, con atuendos impecables y piel radiante que parecían brillar en la pantalla. Lucían tan seguras, tan despreocupadas. Los ojos de Ava se desviaron hacia el reflejo en el espejo al otro lado de la habitación, y sintió cómo su corazón se hundía. Una sudadera holgada, cabello desordenado y ojeras profundas de una noche sin dormir. Era como mirar a una extraña. Evitaba el espejo siempre que podía; había algo en él que la hacía querer esconderse.

En la escuela, el día transcurrió como cualquier otro. Ava se sentó en silencio en la parte trasera del aula, con su cuaderno abierto, pero sin tocar. El murmullo de las conversaciones de sus compañeros llenaba el salón, pero Ava se sentía desconectada, como una observadora externa.

La voz de la maestra cortó el ruido. *"Muy bien, clase. Vamos a empezar un nuevo proyecto—algo que hable sobre ustedes mismos. Quiero que cada uno cree algo que represente quiénes son, algo único de ustedes".*

El pulso de Ava se aceleró.

"¿Algo que me represente a mí?" Su mente comenzó a correr. *"¿Qué tengo yo para mostrar?"*

Las palabras despertaron algo en su interior, una mezcla de curiosidad y miedo. La idea de crear algo personal la aterrorizaba. No era como las otras chicas. No tenía esa confianza natural que hacía que la gente la notara por las razones correctas.

Cuando terminó la clase, Ava recogió sus cosas y salió corriendo por la puerta, tratando de ignorar el pánico creciente en su pecho. *"No puedo hacer esto"*, pensó, apretando con fuerza las correas de su mochila mientras se abría paso por el abarrotado pasillo. *"Ni siquiera sé quién soy, mucho menos qué me hace especial."*

Durante el resto del día, Ava quedó atrapada en un ciclo de dudas. Cada vez que pensaba en el proyecto, su mente se llenaba de imágenes de sus compañeras: hermosas, seguras, despreocupadas. Y luego estaba ella: ordinaria, invisible, insegura.

Más tarde, en la seguridad de su habitación, Ava caminaba de un lado a otro, con la frustración burbujeando en su interior. Odiaba esa sensación de insuficiencia, pero se aferraba a ella como una sombra. Quería ignorar la tarea, fingir que no importaba. Pero, en el fondo, la idea de que todos vieran lo perdida que realmente se sentía la asustaba aún más.

Un suave golpe en la puerta interrumpió sus pensamientos. *"¿Ava?"* Era Zoe, su prima mayor, que se había quedado con ella unas semanas.

Ava dudó, pero abrió la puerta, permitiéndole entrar. Zoe era todo lo contrario de Ava: audaz, vibrante, y sin disculpas consigo misma. Ava siempre la había admirado, aunque también sentía envidia de lo cómoda que parecía estar en su propia piel. Pero hoy había una energía diferente en el aire. Zoe se sentó a su lado, leyendo la pesadez en la expresión de Ava.

"¿Qué pasa, pequeña?" preguntó Zoe con suavidad, su voz llena de calidez.

Ava dudó, buscando las palabras.

"Nos dieron este proyecto en la escuela" murmuró—. *"Algo sobre mostrar quiénes somos, pero... no creo que pueda hacerlo".*

Zoe levantó una ceja, intrigada.

"¿Por qué no?"

Ava miró sus manos, incapaz de sostenerle la mirada.

"Porque no sé quién soy. No soy... no soy nada especial. No tengo esa confianza como tú. No tengo nada que valga la pena mostrar".

Zoe sonrió con ternura, inclinándose hacia ella.

"Yo solía pensar lo mismo. Pero déjame decirte algo: la confianza no viene de intentar ser como los demás. Viene de aprender a aceptar lo que te hace diferente. Tienes mucho más de lo que te das crédito, Ava.".

Ava frunció el ceño, dudando de sus palabras.

"Pero... ¿y si no les gusta lo que ven? ¿Y si soy solo... ordinaria?"

Zoe colocó una mano en el hombro de Ava. *"Confía en mí, pequeña. Estás lejos de ser ordinaria. Es hora de que empieces a verlo."*

Esa noche, acostada en su cama, las palabras de Zoe resonaban en la cabeza de Ava: *"Es hora de que empieces a verlo."*

"¿Podría ser realmente tan simple? ¿Qué tal vez tenía algo que ofrecer, algo que valiera la pena mostrar?"

Se giró de un lado a otro, luchando con la idea. Podía jugar a lo seguro, entregar algo genérico y seguir escondiéndose detrás de los muros que había construido a su alrededor. O podía arriesgarse, solo esta vez, y salir de las sombras.

El pensamiento la aterrorizaba, pero un pequeño destello de esperanza la impulsaba. Ava se sentó en la cama, sacando su cuaderno de bocetos de debajo de la almohada. Lentamente, con cautela, comenzó a dibujar.

"Tal vez", pensó, mientras las líneas tomaban forma bajo su lápiz, *"tal vez haya más en mí de lo que he estado dispuesta a ver."*

Ava se movía inquieta en la cama, luchando con la idea. Podía ir a lo seguro, entregar algo genérico y seguir escondiéndose detrás de los muros que había construido a su alrededor. O podía arriesgarse, solo por una vez, y salir a la luz.

El pensamiento la aterrorizaba, pero una pequeña chispa de esperanza la empujaba. Ava se sentó en la cama y sacó su cuaderno de bocetos de debajo de la almohada. Lentamente, con cautela, comenzó a dibujar.

Pensó mientras las líneas tomaban forma bajo su lápiz, *"tal vez hay más en mí de lo que he estado dispuesta a ver."*

No estaba segura de a dónde la llevaría este camino, pero por primera vez, estaba dispuesta a dar el primer paso.

A la mañana siguiente, Ava entró a la escuela con su cuaderno de bocetos firmemente apretado bajo su brazo. El zumbido familiar de los estudiantes moviéndose por los pasillos llenaba el aire: los casilleros cerrándose de golpe, las risas que resonaban en los grupos de amigos. Mantuvo la cabeza baja, abriéndose paso entre el abarrotado pasillo hasta encontrar su lugar habitual en la cafetería, escondida al fondo, donde podía estar sola.

El suave murmullo de voces llenaba la cafetería, pero Ava apenas lo escuchaba. Su atención estaba en el cuaderno de bocetos que tenía sobre las piernas, abierto en el dibujo que había estado trabajando para su proyecto escolar. Había pasado horas la noche anterior dibujando, vertiendo en el arte sus inseguridades, esperanzas y miedos. Pero ahora, bajo la dura luz del día, su confianza comenzaba a desmoronarse.

"¿Y si no es lo suficientemente bueno?" La duda familiar se coló en su mente. Ava miró alrededor de la cafetería a sus compañeros, que parecían tan cómodos en su propia piel, riendo y hablando sin preocupaciones. Y luego estaban las chicas que ella evitaba, aquellas que habían convertido en un hábito comentar sobre su ropa, su cuerpo, su todo.

Su estómago se encogió al verlas al otro lado del salón. Instintivamente, se ajustó la sudadera, como si pudiera protegerla de sus miradas. No quería llamar la atención, pero una de las chicas atrapó su mirada y sonrió burlonamente.

"¿Todavía intentando esconderte bajo esa sudadera, Ava?" dijo la chica en voz alta, lo suficiente para que las mesas cercanas la escucharan.

Las risas resonaron a su alrededor, cada carcajada como una aguja afilada pinchando su confianza. El corazón de Ava latía con fuerza, y por un momento, sintió el peso aplastante de la duda amenazando con asfixiarla. *"¿Por qué no puedo ser como ellas? ¿Por qué siempre soy el blanco de todo?"*

Antes de que pudiera retraerse en sí misma, sintió una presencia a su lado. Era Clara, su amiga que siempre había sido silenciosamente solidaria, pero nunca abiertamente. Hoy era diferente.

"*¡Déjenla en paz!*" dijo Clara, con la voz firme y decidida.

Las risas se apagaron, y el ruido de la cafetería volvió a su ritmo normal. Las chicas, ahora desinteresadas, volvieron su atención a otra cosa.

Ava parpadeó sorprendida, con el corazón aún acelerado. "*No tenías que hacer eso*" murmuró, sintiéndose avergonzada por la atención.

"*Lo sé*" respondió Clara, con una pequeña sonrisa. "*Pero no deberías tener que lidiar con ellas sola.*"

Las palabras tocaron algo profundo en Ava. Había pasado tanto tiempo sintiéndose sola en sus luchas, escondiéndose detrás de su sudadera, su silencio y sus inseguridades. Pero tal vez Clara tenía razón: no tenía que enfrentarlo todo sola.

Esa tarde, Ava se encontró frente a la puerta del aula. Dentro, los estudiantes se preparaban para sus presentaciones finales, el momento en que compartirían sus proyectos. Su estómago se retorcía, el miedo a exponerse apretándole el pecho.

Podía irse. Nadie la culparía si se saltaba la presentación. Pero, en el fondo, Ava sabía que había llegado al punto en que necesitaba enfrentar el miedo de frente. No podía seguir escondiéndose.

Su mente vagó hacia las palabras de Zoe: "*Tienes mucho más de lo que te das crédito. Es hora de que empieces a verlo.*"

Ava inhaló profundamente, agarrando la correa de su mochila. Abrió la puerta y entró, sintiendo las miradas de sus compañeros sobre ella. El ruido pareció desvanecerse mientras encontraba su asiento, sacando su cuaderno de bocetos con manos temblorosas.

Cuando llegó su turno, el silencio en el aula fue ensordecedor. Se paró frente a la clase, su corazón latiendo tan fuerte que ahogaba todo lo demás. Sus dedos agarraban con fuerza el borde de su cuaderno de bocetos, su cuerpo rígido por el miedo. "*¿Y si se ríen? ¿Y si no entienden?*"

Pero ya no había vuelta atrás. Lentamente, abrió el cuaderno, revelando la obra en la que había vertido su corazón. Era un autorretrato: crudo, sin pulir, pero real. Se había dibujado no como deseaba ser, sino como era. Las imperfecciones que siempre había tratado de ocultar estaban allí, al frente y al centro.

"Yo... quería mostrar algo honesto" comenzó Ava, con la voz temblorosa, pero ganando fuerza con cada palabra. He pasado tanto tiempo tratando de esconder quién soy porque tenía miedo de que a la gente no le gustara lo que veía. Pero esta soy yo. Y estoy aprendiendo que ser fiel a uno mismo es lo que importa.

Sus palabras flotaron en el aire, vulnerables pero poderosas. Ava cerró el cuaderno y levantó la mirada. Por un momento, la sala quedó en silencio, pero no era el silencio duro y juzgador que había temido. Era algo más suave, casi comprensivo.

Un aplauso suave rompió el silencio, y luego otro, hasta que la sala se llenó de aplausos. Ava parpadeó, sorprendida por la calidez de la respuesta. No se trataba de si amaban su arte o lo entendían; era algo más profundo. Había mostrado su vulnerabilidad, con todos sus defectos, y el mundo no se había desmoronado. De hecho, la había acogido.

Cuando Ava volvió a sentarse, su corazón aún latía con fuerza. Clara se inclinó hacia ella con una sonrisa.

"Estuviste increíble, Ava. Eres increíble."

Ava no supo qué responder al principio. Se sentía más ligera, más libre de lo que había sentido en mucho tiempo. Por primera vez, no estaba actuando para obtener la aprobación de los demás; había compartido una parte de sí misma, y había sido suficiente.

Y tal vez, solo tal vez, podría seguir haciendo eso: seguir mostrando al mundo su verdadero yo.

Porque estaba aprendiendo que su verdadero yo era más que valioso.

La campana de la escuela había sonado, señalando el final del día, mientras los estudiantes comenzaban a salir del edificio. Ava se quedó un momento cerca de la puerta, con el corazón aún acelerado tras la presentación. Lo había hecho: se había parado frente a todos, había compartido su verdad y había salido adelante. Ahora, mientras la multitud se dispersaba, salió al exterior, dejando que el aire fresco de la tarde rozara su piel.

El sol se estaba poniendo, proyectando largas sombras sobre la acera mientras Ava caminaba hacia casa, con su cuaderno de bocetos apretado bajo el brazo. Los aplausos de su presentación aún resonaban en su mente, un recordatorio lejano del coraje que había necesitado para pararse frente a su clase y mostrar una parte de su alma. Había esperado que un alivio la inundara, una sensación de cierre ahora que el proyecto había terminado.

Pero, en cambio, había un silencio inquietante en su interior. La emoción del momento estaba desvaneciéndose, reemplazada por dudas persistentes. *"¿Y ahora qué?"*, se preguntó. *"¿Cambia esto algo de lo que siento sobre mí misma?"*

Ava se detuvo frente al escaparate de una tienda, atrapando su reflejo en el vidrio. Por un momento, vio a la chica que solía ser: la que se escondía detrás de ropa holgada y evitaba los espejos a toda costa. Pero luego recordó cómo se había mantenido firme frente a su clase, la vulnerabilidad en su voz al compartir su arte.

Su reflejo ahora parecía diferente, más familiar, menos amenazante. Aún sentía el peso de la duda, pero ya no la consumía como antes. Había algo nuevo allí: una fuerza tranquila, los comienzos de la aceptación.

Al día siguiente, Ava estaba de pie en el pasillo de la escuela, con la cabeza baja mientras buscaba en su casillero. No esperaba encontrarse con el mismo grupo de chicas que tantas veces la habían acosado antes. Pero ahí estaban, susurros y risitas escapando entre ellas mientras pasaban.

Por un breve momento, el miedo antiguo volvió, ese instinto de encogerse, de ajustar su sudadera para cubrirse más. *"No estás lista para esto"*, susurró la voz en su cabeza. *"Nada ha cambiado realmente."*

Pero entonces recordó el aula: cómo su voz se había elevado, cómo los aplausos habían sentido como un reconocimiento de algo más profundo que su arte. Y recordó las palabras de Zoe: *"La confianza no viene de intentar ser como los demás. Viene de aprender a aceptar lo que te hace diferente."*

Ava enderezó la espalda, negándose a dejar que el miedo tomara el control. No necesitaba decirles nada a las chicas; no necesitaba probarles nada. En cambio, las miró a los ojos mientras pasaban, con una expresión tranquila e inquebrantable en su rostro.

"Ellas no me definen", pensó Ava. *"Ahora sé quién soy."*

Las chicas siguieron caminando, sus risas desvaneciéndose en la distancia. Por primera vez, Ava no se sintió pequeña en su presencia. No sintió la necesidad de esconderse o defenderse. Se sintió libre.

Más tarde esa tarde, Ava se encontró de vuelta en el aula de arte. Había regresado allí después de la escuela, atraída por la quietud y el reconfortante aroma de pinturas y lápices. Mientras hojeaba su cuaderno de bocetos, pensó en cuánto había avanzado. Su autorretrato seguía siendo imperfecto, aún crudo, pero ahora sentía que era un reflejo de su viaje en lugar de sus defectos.

Justo cuando estaba a punto de guardar sus cosas, notó a una estudiante más joven rondando cerca de la puerta. La niña parecía vacilante, sosteniendo un dibujo con fuerza en sus manos. Ava reconoció la expresión nerviosa en su rostro: era el mismo miedo que ella había sentido alguna vez al intentar compartir su trabajo.

"Hola" llamó Ava suavemente, acercándose. *"¿Qué tienes ahí?"*

La niña se movió incómoda, mirando al suelo.

"*Es solo… algo en lo que he estado trabajando. Pero no es muy bueno.*"
Ava sonrió, dejando que un calor genuino se extendiera por su interior.
Conocía demasiado bien ese sentimiento.

"*¿Puedo verlo?*"

Con reluctancia, la niña le entregó el dibujo. Era un poco tosco, lleno
de líneas temblorosas y detalles sin terminar, pero había algo hermoso
en su honestidad.

"*Es realmente bueno*" dijo Ava, devolviéndoselo. "*Tienes talento.*"

La niña pareció sorprendida.

"*¿De verdad crees eso?*"

Ava asintió.

"*Sí, lo creo. No tengas miedo de compartirlo. Las personas verán el
corazón en tu trabajo, igual que yo lo hice.*"

La niña sonrió tímidamente, y Ava sintió una oleada de orgullo. En ese
momento, se dio cuenta de que no solo estaba ayudando a alguien más;
también estaba reconociendo cuánto había avanzado ella misma.
Había encontrado su voz, su valentía y su autoestima, y ahora podía
compartir esa fuerza con los demás.

Mientras salía del aula de arte, la luz del atardecer se filtraba a través
de las ventanas. Ava se sentía más ligera. Las inseguridades no habían
desaparecido por completo, y probablemente nunca lo harían. Pero
ahora sabía que su valor no dependía de la aprobación de los demás.
Había encontrado el elixir: la comprensión de que era valiosa y
completa, tal como era.

Y ese era el verdadero premio.

Lecciones de "Dibujando con Fuerza"

*El viaje de Ava te muestra que la verdadera confianza no se trata de
alcanzar la perfección o buscar la aprobación de los demás, sino de*

abrazar quién eres, con tus defectos y todo. El camino hacia la autoaceptación comienza cuando dejas de compararte con los demás y empiezas a apreciar tus cualidades únicas. Tal como Ava descubrió a través de su arte, tus imperfecciones son parte de lo que te hace real, cercano y maravillosamente humano.

La comparación puede ser una carga pesada que te aleja de tu propio valor. Ava aprendió que las personas que realmente importan no son las que la juzgan desde lejos, sino las que ven su corazón, su talento y su fortaleza. Cuando cambias tu enfoque de las opiniones de los demás hacia tu propio camino, comienzas a ver la belleza en lo que ofreces al mundo.

La valentía no significa no tener miedo; significa avanzar incluso cuando estás asustado. Al compartir su autorretrato, Ava encontró la fuerza para ser fiel a sí misma, no para obtener la aprobación de los demás, sino por ella misma. Al hacerlo, inspiró a otros y creó un espacio para la conexión y la comprensión.

Que la historia de Ava te recuerde esto: eres suficiente tal como eres. Comparte tu voz, tus talentos y tu auténtico ser con el mundo, porque tu historia merece ser contada, y resonará más profundamente de lo que imaginas.

Historia 4 – "El Arte de Ser Verdadero"

El día era como cualquier otro en Westbrook High, pero para Emma, cada mañana se sentía como entrar a un campo de batalla. Caminando por el pasillo, echó un vistazo a los grupos de chicas que parecían tener todo resuelto: maquillaje impecable, ropa de marca y una confianza que ella solo podía soñar. Al acercarse a su casillero, escuchó susurros y risitas. Los dedos de Emma se apretaron alrededor de las correas de su mochila, y sus ojos se posaron en su reflejo en el metal opaco de la puerta del casillero. ¿Era invisible? ¿O peor, la veían y no les importaba?

"¿Por qué nunca encajo?", pensó, sintiendo cómo su corazón se hundía. *"Si pudiera cambiar algo, lo que sea, tal vez me notarían. Tal vez dejaría de sentirme tan fuera de lugar."*

Tiró de las mangas de su gastada sudadera, ajustándola más alrededor de ella como si fuera un escudo. El peso de la inseguridad colgaba sobre ella, tan familiar como la campana que sonó sobre su cabeza, marcando el comienzo de otro día en el que se sentía como una espectadora en su propia vida.

Emma entró arrastrando los pies al salón de clases, tomando su asiento habitual cerca del fondo. Las conversaciones de sus compañeros llenaban el aula, pero ella mantuvo la mirada baja, concentrándose en el cuaderno frente a ella. Garabateaba sin sentido, intentando mezclarse con el fondo, cuando una voz cortó el ruido, llamando su atención.

Jade, una de las chicas populares, se giró hacia Emma con una media sonrisa, sus ojos recorriendo su atuendo.

"Sabes, Emma, te verías tan linda si solo... te esforzaras un poco más. Tal vez usar algo que resalte tu figura." Hizo una pausa, como si eligiera cuidadosamente sus próximas palabras. *"Vamos al centro comercial este fin de semana. Deberías venir. Podríamos ayudarte a encontrar algo que saque lo mejor de ti."*

Por un segundo, el corazón de Emma dio un brinco. ¿Era esto? ¿Era su oportunidad de finalmente pertenecer, de dejar de sentirse como una extraña mirando desde afuera? Casi podía imaginarlo: riendo con Jade y sus amigas, caminando por los pasillos con confianza. Todo lo que tenía que hacer era decir que sí, y tal vez, solo tal vez, ya no se sentiría tan sola.

Pero mientras esa visión se desarrollaba en su mente, un nudo de incomodidad se formó en su estómago. Algo no se sentía bien. ¿Esto era realmente lo que quería? ¿Era realmente ella?

Más tarde esa tarde, Emma se encontraba frente al espejo en casa, mirando su reflejo. La invitación seguía repitiéndose en su mente, pero con cada momento que pasaba, la emoción que había sentido antes comenzaba a desvanecerse. La ropa que normalmente usaba, una mezcla de camisetas originales y jeans, se sentía como una extensión de quién era ella, incluso si no encajaban con la idea de moda del grupo popular.

Sus dedos trazaron el contorno de su sudadera nuevamente, su armadura más segura contra el juicio del mundo.

"Si voy con ellas, tendré que cambiar todo sobre mí. No estoy segura de poder hacer eso." El pensamiento pesaba sobre ella, devolviéndola

a su capullo de inseguridad. *"Pero si no voy, ¿qué pasa si nunca tengo otra oportunidad de encajar?"*

Esa noche, la tía Karen pasó a cenar. Siempre había sido alguien con quien Emma podía hablar, alguien que parecía entender las luchas de la adolescencia sin juzgar. Mientras se sentaban en la sala después, Karen notó la mirada perdida en los ojos de Emma.

"¿Tienes algo en mente, cariño?"

Emma dudó un momento, pero luego dejó salir todo: la invitación, las expectativas, la presión de ser alguien que no era.

Karen escuchó pacientemente, con ojos suaves y comprensivos. *"¿Sabes? Cuando tenía tu edad, también intenté encajar con el grupo cool"* comenzó, con una sonrisa de complicidad. *"No tardé mucho en darme cuenta de que, no importaba cuánto lo intentara, nunca iba a ser como ellos. Pasé tanta energía tratando de cambiarme que olvidé las partes de mí que me hacían feliz, las partes que me hacían... bueno, ser yo."*

Los ojos de Emma se agrandaron, sorprendida de lo mucho que la historia de Karen reflejaba la suya.

"¿Y qué hiciste?" preguntó.

"Dejé de fingir" respondió Karen con simplicidad. Y me di cuenta de que las personas correctas, las que realmente importan, te quieren por quién eres, no por quién intentas ser.

Las palabras de Karen permanecieron con Emma mucho después de que su conversación terminara. Al día siguiente, mientras estaba de pie en su casillero, vio a Jade y las demás a lo lejos, riendo, despreocupadas. Emma sintió una punzada familiar de anhelo, pero esta vez, algo dentro de ella había cambiado.

Aún sentía el tirón de querer encajar con ellas, pero también sentía el peso del consejo de Karen: ser fiel a sí misma la llevaría por un camino mejor.

Tomando una respiración profunda, tomó una decisión. Iba a ir al centro comercial con Jade y sus amigas, pero no iba a convertirse en alguien más solo para encajar.

Su corazón latía con fuerza mientras se acercaba al grupo. *"Oigan, sobre este fin de semana..."* comenzó, su voz suave pero firme. *"Iré. Pero no quiero cambiar todo sobre mí. Me gusta quién soy."*

La expresión en el rostro de Jade era una mezcla de sorpresa y confusión, pero Emma no vaciló. Por primera vez, sintió el comienzo de una fuerza interna como si hubiera dado un paso más hacia descubrir quién era realmente.

El fin de semana llegó más rápido de lo que esperaba. Emma se encontró caminando hacia el centro comercial, su mente una mezcla de anticipación y temor. Se había prometido a sí misma que no iba a cambiar, pero ahora, con cada paso, la presión por conformarse se sentía más pesada.

Jade sacó un vestido del perchero, sosteniéndolo frente al cuerpo de Emma.

"Esto se verá tan lindo en ti" dijo, con una sonrisa tirando de sus labios. *"Pruébatelo"*.

Emma tomó el vestido con desgana, mirando la tela delicada. Era el tipo de ropa que sabía que la haría sentir incómoda—demasiado ajustada, demasiado reveladora, demasiado no ella. Pero la mirada expectante de Jade la hacía sentirse atrapada.

Mientras Emma desaparecía en el probador, se vio en el espejo. La reflexión que le devolvía la mirada parecía más incierta que nunca. ¿En quién se estaba convirtiendo? Se sentía dividida: una parte de ella quería pertenecer, pero otra parte le gritaba que ese no era el camino.

"¿Por qué estoy haciendo esto? ¿Para encajar? ¿Pero a qué precio?"

Se probó el vestido, sintiendo cómo la tela se ceñía a su cuerpo en todas las formas incorrectas. Cuando salió, forzó una sonrisa mientras las chicas exclamaban admiración, pero por dentro, se sentía vacía.

Cuando Jade insistió en que lo comprara, Emma dudó, pero bajo el peso de sus expectativas, asintió. Pagó el vestido, el tejido doblado en una bolsa de compras junto con un pedazo de sí misma.

El resto del viaje de compras pasó como un borrón. Emma asintió mientras las otras hablaban sobre tendencias y moda, pero su mente estaba en otro lugar. Cuanto más intentaba encajar, más desconectada se sentía de sí misma. Para cuando llegó a casa, el peso del día colgaba sobre ella como una nube gris.

Esa noche, Emma se sentó en su escritorio, con su cuaderno de bocetos intacto. Solía dibujar cuando se sentía abrumada, dejando que su creatividad fluyera para dar sentido a sus pensamientos. Pero últimamente, no había tocado su lápiz. Era como si intentar encajar en el grupo popular le hubiera drenado todo lo que la hacía sentirse como ella misma.

Su teléfono vibró. Un mensaje de Jade:

"¡No puedo esperar a verte mañana en la escuela con ese vestido!"

El corazón de Emma se hundió. La idea de entrar a la escuela con algo que se sentía tan ajeno la hacía sentirse físicamente enferma. Miró la pantalla de su teléfono, con los dedos suspendidos sobre el teclado.

"¿Realmente quiero esto?", se preguntó. *"¿Qué estoy tratando de probar, y a quién?"*

Al día siguiente, Emma estaba de pie frente al espejo en su habitación, vestida con el nuevo atuendo. Su reflejo era el de una extraña, alguien que apenas reconocía. El vestido era demasiado ajustado, el estilo muy alejado de cualquier cosa que ella hubiera elegido. Pero ahí estaba, a punto de salir por la puerta, sintiéndose como una impostora en su propia piel.

Entró a la escuela, con cada paso sintiéndose más pesado que el anterior. Las chicas populares la saludaron con entusiasmo, sus ojos brillando con aprobación, pero la incomodidad de Emma solo crecía. Mientras pasaba frente a las ventanas de vidrio, atrapó destellos de su reflejo, y con cada vistazo, un nudo de temor se formaba más profundo en su pecho.

A la hora del almuerzo, la presión se volvió insoportable. Se excusó del grupo y buscó un lugar tranquilo afuera, lejos de la multitud. Emma se dejó caer contra la pared, con el pecho apretado mientras las lágrimas amenazaban con salir. Esto no era quien era ella. Había intentado con todas sus fuerzas ser alguien más, pero al hacerlo, se había perdido a sí misma.

Su mente corría, reproduciendo las palabras de Karen de su conversación de hace unas noches:

"Las personas correctas te querrán por quién eres, no por quién intentas ser."

En ese momento, lo entendió: no necesitaba encajar en el molde de alguien más para ser valorada. La verdadera Emma, la chica que usaba ropa peculiar y dibujaba en su tiempo libre, era valiosa tal como era. Siempre lo había sido.

Emma se enderezó, con una claridad recorriéndola como una ola. Sacó su teléfono del bolsillo y escribió un mensaje para Jade: *"No puedo seguir haciendo esto. Esto no soy yo."*

Su corazón latía con fuerza mientras presionaba enviar, pero por primera vez en semanas, se sentía más ligera.

De regreso en casa, Emma tomó su cuaderno de bocetos y pasó las páginas hasta llegar a una en blanco. Comenzó a dibujar, dejando que las líneas fluyeran de su lápiz sin esfuerzo, como si estuviera redescubriendo una parte de sí misma que había escondido. Sonrió para sí misma, con la mente despejada. Esta era ella: una persona creativa, amable y única, y eso era todo lo que necesitaba ser.

Mientras trabajaba en su arte, sintió cómo las capas de inseguridad y duda se desvanecían. Emma no necesitaba ser popular para ser feliz. Lo que importaba era que ahora podía mirarse al espejo y reconocer a la persona que la miraba de vuelta.

Habían pasado unos días desde que Emma envió el mensaje a Jade y tomó la decisión de abrazar su verdadero yo. Ahora, mientras caminaba por los pasillos de la escuela, los mismos que antes sentían como un campo de batalla. Todo se sentía diferente. Más ligero. Ya no se estaba escondiendo. En lugar de evitar el contacto visual o encogerse en sí misma, levantaba un poco más la cabeza, con pasos un poco más seguros.

Pero el camino de regreso a sí misma no estaba libre de desafíos.

Cuando pasó junto al grupo de chicas populares, se preparó para su reacción. Jade la miró, pero esta vez no hubo una sonrisa aprobadora ni un saludo amistoso. Solo hubo indiferencia—una mirada fría y distante que cortó a Emma más de lo que esperaba. Por un momento, la duda parpadeó en su mente.

"Tal vez debería haber seguido intentando encajar", pensó, con el estómago revuelto mientras aceleraba el paso. Pero tan pronto como ese pensamiento entró en su mente, lo sacudió. No. Sabía, en el fondo, que finalmente había elegido el camino correcto: su camino. El regreso no se trataba de ganar la aprobación de nadie; se trataba de encontrar paz consigo misma.

Esa tarde, Emma estaba sentada en el aula de arte, con el cuaderno de bocetos en mano, perdida en el ritmo calmante del lápiz contra el papel. Este era su refugio, el lugar donde podía respirar libremente y expresarse sin juicios. Mientras sombreaba los detalles finales de su dibujo—una figura de pie, segura de sí misma, bajo un cielo abierto—sintió una renovación interior.

Un golpe en la puerta interrumpió sus pensamientos. Karen entró, con una cálida sonrisa en el rostro.

"¿Cómo está mi artista favorita?" preguntó, apoyándose en el marco de la puerta.

Emma sonrió, mirando su dibujo.

"Mejor. Creo que finalmente estoy entendiendo algunas cosas."

Karen se acercó, echando un vistazo al cuaderno. *"¿Sabes?"* dijo, con voz suave. *"El hecho de que hayas sido lo suficientemente valiente para defender quién eres... es algo que muchas personas nunca descubren. No hasta mucho más tarde."*

Emma miró a su mentora, sintiendo un orgullo cálido en el pecho. *"No fue fácil"* admitió, con voz más suave. *"Todavía hay momentos en los que me pregunto si tomé la decisión correcta... pero no quiero volver a fingir. Estoy cansada de ser alguien que no soy".*

Karen asintió, colocando una mano tranquilizadora en su hombro. *"Toma tiempo. Pero ya eres mucho más fuerte de lo que te das cuenta, Emma."*

Cuando Karen salió, Emma volvió a mirar el dibujo. Su mano flotó sobre la página, agregando un toque final al cielo: un arco de luz que cortaba las nubes. Era un símbolo de su propio renacimiento, un recordatorio de que había superado las expectativas de los demás y había encontrado fuerza en su individualidad.

El día de la "Autoexpresión" en la escuela llegó más rápido de lo que Emma había anticipado. No era un concurso ni una muestra de talentos, solo una oportunidad para que los estudiantes compartieran algo que realmente les importaba, algo que reflejara quiénes eran. Era el tipo de momento que Emma necesitaba.

Esto no se trataba de probarse ante los demás; se trataba de abrazar quién era. Su arte siempre había sido parte de ella, una forma privada de procesar el mundo, y ahora estaba lista para compartirlo de una manera que nunca antes había hecho.

Mientras los estudiantes recorrían el gimnasio convertido en galería, Emma estaba junto a su obra: su dibujo de una joven bajo un cielo abierto. La imagen capturaba su viaje: la lucha con la inseguridad, el peso de las expectativas y, finalmente, la libertad que vino de abrazar su unicidad.

Un pequeño grupo se reunió cerca de su dibujo, y el corazón de Emma latía con fuerza al escuchar fragmentos de admiración de sus compañeros. Pero esta vez, los nervios no eran abrumadores; estaban mezclados con algo más: una confianza tranquila y constante.

Un estudiante se acercó a ella.

"Este dibujo es increíble" dijo. *"Es como si pudiera sentir lo que estás diciendo a través de las líneas del dibujo".*

Emma sonrió, pasando los dedos suavemente por los bordes de su cuaderno.

"Es como me expreso" dijo, sintiendo una calma mientras las palabras salían de sus labios. *"Antes pensaba que tenía que ser como los demás para encajar. Pero aprendí que está bien ser solo yo. De eso se trata esto."*

Mientras más estudiantes pasaban, admirando su trabajo, Emma se mantuvo erguida, ya sin intentar desaparecer en el fondo.

El día no se trataba de aplausos o validación externa; se trataba de reconocer su propio valor.

Cuando el evento terminó, Emma salió del gimnasio con el corazón ligero. El peso de intentar encajar se había desvanecido, reemplazado por la certeza de que no necesitaba adaptarse al molde de nadie más. Había encontrado su voz, su confianza y un renovado sentido de autoestima. El premio que había ganado era la comprensión tranquila de que era suficiente, tal como era: su arte, su voz, su individualidad.

Esta vez, la aprobación de los demás no era lo que más importaba. Emma había aprendido a valorarse a sí misma.

Lecciones de "El Arte de Ser Verdadero"

El viaje de Emma te recuerda que la verdadera fortaleza viene de aceptar quién eres, no de conformarte con las expectativas de los demás. Tratar de encajar en el molde de otra persona puede hacerte sentir perdido y desconectado, pero la verdad es que no necesitas cambiarte para encontrar aceptación o felicidad. Tu individualidad, tus peculiaridades, pasiones y rasgos únicos, es lo que te hace especial.

A veces, la presión por pertenecer puede sentirse abrumadora, y es tentador intercambiar tu autenticidad por aprobación. Pero, como descubrió Emma, el costo de fingir ser alguien que no eres es mucho mayor que la comodidad temporal de encajar. Al elegir honrar su verdadero yo, Emma encontró un sentido más profundo de pertenencia, no con el grupo popular, sino dentro de sí misma.

Esta historia te muestra que la autoexpresión es una herramienta poderosa para encontrar claridad y confianza. Ya sea a través del arte, la escritura o simplemente siendo tú mismo, compartir tu voz auténtica puede conectarte con otros de maneras significativas. Las personas correctas verán tu valor sin que tengas que cambiar nada. Deja que la experiencia de Emma te anime a mantenerte firme en tu individualidad y confiar en tus dones únicos. El camino hacia la autoaceptación no siempre es fácil, pero vale la pena. Cada paso que das hacia ser fiel a ti mismo te ayuda a descubrir tu fuerza interior y tu valor.

Recuerda: no necesitas buscar la aprobación de los demás para sentirte completa. Como Emma, puedes encontrar libertad al dejar de lado las comparaciones y abrazar lo que te hace, tú. Tu autenticidad es tu mayor fortaleza, y mientras más la honres, más inspirarás a otros a hacer lo mismo.

Historia 5 – "Así Soy Yo"

El sol de la tarde se filtraba por las persianas, proyectando suaves sombras en las paredes del dormitorio de Maya. Estaba sentada en su escritorio, garabateando distraídamente en un cuaderno que normalmente reservaba para tareas escolares. Las páginas estaban llenas de dibujos de formas al azar, ninguna de ellas tenía mucho sentido. Los ojos de Maya se desviaban constantemente hacia la puerta abierta del armario, donde una pila de ropa estaba arrugada en el suelo. Su par de jeans favoritos, esos que siempre le quedaban perfectos, ahora se sentían apretados e incómodos en la cintura.

Miró la ropa con frustración. *"¿Por qué a ellas les queda todo tan bien mientras yo siento que estoy escondiéndome?"* pensó. Sus amigas habían comenzado a lucir nuevos vestidos y camisetas ajustadas. Mientras que Maya evitaba mirarse en el espejo. Parecía que cada vez que se veía reflejada, era un recordatorio de cuánto estaba cambiando su cuerpo, y no de la forma en que a ella le gustaba. Su piel ya no estaba tan tersa como antes, y las camisetas que antes adoraba ahora se le pegaban incómodamente en los lugares equivocados.

Un suave golpe en la puerta la sacó de sus pensamientos. La voz de su madre se coló en la habitación:

"Maya, la cena está lista."

Maya suspiró, dejando caer su lápiz. *"¿Por qué siento que soy la única que no encaja?"* se preguntó, levantándose lentamente y mirando el espejo junto a su escritorio. Alcanzó a vislumbrar su reflejo, pero rápidamente apartó la mirada. Su cuerpo ya no le parecía suyo, demasiados cambios ocurriendo al mismo tiempo, y no estaba segura de cómo manejar ninguno de ellos.

La cena esa noche fue igual que siempre: su mamá preguntando por su día, su hermano pequeño charlando sin parar y Maya apenas prestando atención. Podía sentir cómo la ropa se le pegaba incómodamente al cuerpo. Fue entonces cuando su mamá la miró con una sonrisa reflexiva.

"Maya, iremos de compras este fin de semana. ¿Qué te parece si encontramos algo que te haga sentir cómoda y segura?"

El corazón de Maya se hundió. Ir de compras significaba probarse ropa, pararse frente a los espejos bajo esas luces duras de los probadores y enfrentarse al cuerpo que estaba intentando evitar. Su mamá tenía buenas intenciones, pero la idea de exponerse de esa manera la aterrorizaba.

Más tarde esa noche, Maya se acostó en la cama, mirando al techo. *"No quiero ir de compras"*, pensó. *"¿Cuál es el punto? Nada, me queda bien. Todo se siente mal."* Se dio la vuelta, ajustándose la manta firmemente alrededor de su cuerpo, deseando poder simplemente desaparecer. La idea de entrar a una tienda, de tener que enfrentar los cambios en su cuerpo, la llenaba de pavor.

"¿Y si nunca me gusta cómo me veo otra vez? ¿Y si sigo creciendo y nunca vuelvo a sentirme como yo misma?" El miedo la envolvía, pesado y sofocante. No podía imaginarse sintiéndose bien con su cuerpo de nuevo, y mucho menos probándose ropa para enmascarar lo fuera de lugar que se sentía.

Al día siguiente, mientras ayudaba a su mamá a recoger los platos después del desayuno, su prima mayor Emma apareció inesperadamente. Emma ya estaba en la universidad, y Maya siempre admiró su confianza natural. Mientras se sentaban a charlar, Emma pareció notar que algo estaba mal.

"*¿Qué tienes en mente, Maya?*", preguntó Emma con suavidad.

Maya dudó por un momento y luego soltó de golpe: "*Odio cómo me veo. Mi cuerpo se siente raro, y es como si... nada me quedara bien. Es vergonzoso.*"

Emma sonrió suavemente.

"*¿Sabes? Yo me sentía igual cuando tenía tu edad. Por mucho tiempo no me reconocía en el espejo. Recuerdo haber estado enojada con mi cuerpo por cambiar, como si estuviera haciendo algo mal.*"

Los ojos de Maya se abrieron de par en par; no tenía idea de que Emma había pasado por lo mismo.

"*Pero tu cuerpo no es el enemigo, Maya*" continuó Emma. Está creciendo y cambiando porque es lo que se supone que debe hacer. No se trata de intentar controlarlo; se trata de aprender a aceptarlo y respetarlo.

Emma extendió su muñeca, mostrando una delicada pulsera con un pequeño dije.

"*Mi mamá me dio esto cuando estaba pasando por lo mismo que tú*" dijo, con una voz suave pero tranquilizadora. "*Me recordaba que, sin importar los cambios que sucedieran, estaba creciendo para convertirme en quien debía ser. Es un recordatorio de confiar en el proceso, incluso cuando se siente incómodo.*"

Emma dudó por un momento y luego desabrochó la pulsera, colocándola suavemente en la mano de Maya. "*Tómala*" dijo Emma, con ojos llenos de comprensión. "*Estás convirtiéndote en quien debes ser cada día. Puede que ahora no lo sientas así, pero confía en mí, pronto lo verás.*"

Maya tomó la pulsera, sintiendo su peso en la mano. No era solo una pulsera; era un símbolo de comprensión, un recordatorio de que este viaje no era uno que debía enfrentar sola.

El sábado, Maya y su mamá fueron al centro comercial local para elegir algo de ropa nueva. Las luces brillantes de la tienda y las filas de ropa colgadas ordenadamente hacían que Maya se sintiera un poco abrumada, pero siguió a su mamá hasta la zona de probadores. Ahora, parada frente al espejo del probador, su mamá esperaba pacientemente afuera.

La ansiedad familiar burbujeó mientras miraba la pila de ropa que debía probarse. Pero luego miró hacia la pulsera en su muñeca, recordando las palabras de Emma: *"No se trata de controlarlo; se trata de aceptarlo."*

Respiró hondo y tomó el primer conjunto. No se trataba de perfección; se trataba de intentarlo. Mientras se ponía la ropa, miró su reflejo en el espejo, notando los pequeños cambios, las cosas que aún no aceptaba. Pero esta vez, no apartó la mirada de inmediato. La imagen en el espejo no era perfecta, pero era real.

Salió del probador, donde su mamá la esperaba. *"¿Cómo te sientes?"* preguntó su mamá, con ojos amables y alentadores.

Maya sonrió, una pequeña pero genuina sonrisa. *"Está... bien"* respondió. Por primera vez, no estaba huyendo de sí misma. Había cruzado un umbral, uno que no borraría todas sus dudas, pero que le mostró que ya no tenía que luchar contra su cuerpo. El verdadero viaje apenas estaba comenzando.

El lunes por la mañana, después de ir de compras, Maya entró a la escuela con una mezcla de alivio e incomodidad. La ropa nueva que había comprado el fin de semana le quedaba cómoda, pero cuando se vio en el espejo esa mañana, todavía no reconocía del todo a la chica que la miraba de vuelta. Volver a su rutina habitual se sentía como regresar al campo de batalla.

Mientras caminaba por los pasillos de la escuela, Maya no podía evitar fijarse en sus compañeros. Algunos lucían igual que siempre, mientras que otros parecían estar transformándose de la noche a la mañana: sus cuerpos desarrollándose, sus pieles brillando. Maya sentía que se estaba quedando atrás.

En el almuerzo, su mejor amiga Chloe se sentó frente a ella en la ruidosa cafetería. Chloe siempre había sido atlética y segura de sí misma, como si estuviera inmune a las incomodidades que atrapaban a Maya.

"He empezado a correr otra vez" dijo Chloe, empujando su ensalada en el plato. *"Deberías acompañarme. Podría ayudarte, ya sabes, a ponerte en forma."*

El estómago de Maya se retorció. *"¿En forma?"* Las palabras resonaron en su mente, mordiendo más fuerte de lo que Chloe probablemente pretendía. ¿Estaba insinuando que no lucía bien, que necesitaba cambiar aún más? La sugerencia se sintió como un juicio no dicho, y los pensamientos de Maya comenzaron a girar en espiral. Tal vez no era suficiente tal como era. Tal vez realmente necesitaba "arreglarse".

Chloe no tenía malas intenciones, pero sus palabras se quedaron con Maya mucho después del almuerzo. *"Quizás tiene razón. Tal vez correr me ayude a sentirme mejor."* Pero incluso mientras lo consideraba, un sentimiento de frustración comenzaba a burbujear.

"¿Por qué parece que siempre tengo que estar cambiando? ¿Por qué no puedo simplemente estar bien con quién soy?"

La confianza de Maya volvió a tambalearse, y las dudas que había luchado tanto por alejar empezaron a regresar.

Después de la escuela, Maya se refugió en la soledad de su habitación, sintiéndose más desconectada de su cuerpo que nunca. Se paró frente al espejo, tirando del tejido de su nueva camisa. La ropa le quedaba bien, pero no sentía que fuera ella. Era como si su cuerpo tuviera mente propia y ella solo fuera una pasajera intentando seguirle el ritmo.

La pulsera de Emma, esa que le había dado para darle consuelo, captó la luz mientras descansaba en su muñeca. Había sido un alivio... hasta ahora. En el suave resplandor del atardecer, Maya se la quitó y la colocó con cuidado en su tocador.

"No sé si puedo con esto" susurró. La figura en el espejo le devolvió la mirada, insegura, atrapada entre querer cambiar y querer aferrarse a quien solía ser.

Justo cuando sus pensamientos se dirigían hacia Emma, su teléfono vibró inesperadamente. Bajó la mirada hacia la pantalla: era un mensaje de Emma: *"Recuerda, tu cuerpo es tu propio viaje. De nadie más."*

El momento parecía casi inquietante, como si Emma supiera lo que estaba pensando. Era un pequeño recordatorio, pero resonó profundamente. Las palabras de Emma flotaron en el aire, suaves pero poderosas.

Maya se dejó caer en la cama, pensando. Sabía que Emma tenía razón, pero eso no detenía las abrumadoras emociones que torcían sus pensamientos. *"Quiero aceptarme, pero ¿cómo dejo de sentir que no soy suficiente?"*

Al día siguiente en la escuela, Maya enfrentó un nuevo reto: una invitación a una fiesta en la piscina de su grupo de amigas. Debería haber sido algo emocionante, pero la idea de usar un traje de baño frente a todos se sentía como una pesadilla. Mientras estaba frente a su casillero, escuchó a un grupo de chicas riendo cerca. *"Voy a usar el bikini nuevo que compré este fin de semana."* presumió una de ellas. *"He estado yendo al gimnasio para verme perfecta."*

Maya se congeló. Las palabras dolieron. Pudo sentir el mismo pánico de siempre crecer en su pecho. ¿Realmente podía presentarse en esa fiesta? ¿Y si la gente la veía en un traje de baño y la juzgaba? ¿Y si susurraban, como lo hacían esas chicas?

Esa noche, Maya se sentó junto a la ventana, mirando el cielo. La luna colgaba baja, proyectando sombras suaves en su habitación. *"No puedo hacerlo"* pensó. *"No pertenezco a esa fiesta. No así."*

Pero algo dentro de ella se agitó, una pequeña voz que le recordaba que ya había dado el primer paso.

"Ya empezaste este viaje. ¿Por qué retroceder ahora?" susurró la voz.

Los pensamientos de Maya cambiaron. *"Tal vez no soy perfecta, pero ¿realmente quiero pasar mi vida escondiéndome? ¿O pretendiendo ser algo que no soy?"* La respuesta estaba clara, aunque la idea aún le causaba miedo: debía intentarlo.

El día de la fiesta llegó, y mientras Maya se paraba frente al espejo por última vez, respiró profundamente. No se sentía completamente segura, pero tampoco estaba huyendo. Se puso un traje de baño de una pieza que la hacía sentir cómoda, no porque la escondiera, sino porque se sentía como ella misma. Era la primera decisión real que tomaba sobre su cuerpo que no provenía del miedo o la vergüenza, sino de un lugar de respeto propio.

Cuando llegó a la fiesta, podía sentir las miradas sobre ella, pero esta vez no se apartó. Chloe la saludó con una sonrisa cálida y genuina. *"Te ves genial, Maya"* dijo Chloe, y Maya pudo sentir que no se refería solo a su apariencia; se trataba de cómo se estaba mostrando con confianza.

Mientras Maya se unía a la diversión, chapoteando con sus amigas, se dio cuenta de que había enfrentado uno de sus mayores miedos. Ya no se estaba escondiendo, y eso se sentía como una victoria, por pequeña que fuera. El mundo no había terminado porque no era perfecta. Había llegado como era, y eso era suficiente.

"Tal vez esto es lo que Emma quería decir" pensó Maya mientras el sol se ponía en la fiesta. *"No se trata de cambiar todo. Se trata de mostrarse, de darme la oportunidad de estar bien con quien soy, paso a paso."*

Una semana había pasado desde la fiesta, y Maya se encontraba de nuevo frente a su espejo en su habitación. El tirón familiar de la inseguridad no había desaparecido, y los cambios en su cuerpo tampoco. Pero algo se sentía diferente, no tanto en su reflejo, sino en cómo se veía a sí misma.

La fiesta había sido un punto de inflexión, un momento en el que eligió no esconderse, sino aceptar dónde estaba. Esa pequeña decisión había empezado a cambiar algo dentro de ella. El espejo, que una vez se sintió como un enemigo, ahora se sentía más como un compañero en su viaje, reflejando a una chica que aún estaba evolucionando y aprendiendo.

Maya recogió su cuaderno de dibujo, deteniéndose para echar un último vistazo al espejo. *"Todavía no he llegado completamente, pero tal vez eso esté bien"* pensó, una pequeña sonrisa asomándose a sus labios. Su conversación con Emma resonaba en su mente, recordándole que el crecimiento no se trataba de alcanzar la perfección, sino de abrazar lo desordenado del cambio.

"Estás evolucionando, Maya. Y eso es lo que importa" recordó que Emma le había dicho. Y por primera vez, Maya sintió que estaba comenzando a creerlo.

Al día siguiente en la escuela, Maya sintió la habitual energía nerviosa burbujeando bajo la superficie, pero también se sintió más fuerte. Caminando por los pasillos, notó las miradas de algunos compañeros de clase, pero esta vez no se encogió. Podía sentir sus ojos sobre ella, comparando sus nuevas curvas con las chicas que aún no habían cambiado o las que ya lo habían hecho, pero Maya no desvió la mirada. En cambio, levantó la cabeza.

Al final del día, Maya sabía algo con certeza: *"Esta soy yo. Y estoy bien con eso."*

Lecciones de "Así Soy Yo"
Tu cuerpo es una historia de crecimiento, cambio y resiliencia. El viaje de Maya demuestra que está bien sentirte insegura o incómoda mientras navegas por los cambios en tu apariencia o en cómo te ves

a ti mismo. Lo importante es encontrar el valor para abrazar el proceso y entender que tu valor va mucho más allá de cómo luces.

Compararte con los demás—ya sean amigos, compañeros de clase o lo que ves en internet—puede hacerte sentir que no estás a la altura. Pero, al igual que Maya se dio cuenta, el camino de cada persona es diferente, y no hay una única forma "correcta" de crecer o cambiar. Lo que te hace único es lo que te hace fuerte.

A veces, el primer paso hacia la autoaceptación es elegir enfrentar las cosas que te asustan. Ya sea probar algo nuevo, usar lo que te hace sentir cómodo o simplemente mantenerte firme en tu propia piel, esas pequeñas decisiones pueden construir una base de confianza.

También es importante apoyarte en quienes se preocupan por ti, como Maya lo hizo con Emma. Las conversaciones sinceras con amigos o familiares de confianza pueden recordarte que no tienes que pasar por esto sola.

Finalmente, recuerda que la autoaceptación no ocurre de la noche a la mañana. Es un proceso, un paso a la vez. Cada día que decides presentarte por ti misma, te acercas más a entender que eres más que suficiente, tal como eres.

Historia 6 – "Fiel a Mí Misma"

La luz de la mañana se filtraba por las amplias ventanas del café, bañando con un cálido resplandor las pequeñas mesas y sillas, cada una cuidadosamente arreglada por la madre de Lena antes del amanecer. Lena, de catorce años y reflexiva, barría las migas del mostrador mientras se preparaba para otro día en el café junto al mar de su familia.

Le encantaba el ritmo familiar del lugar: el suave zumbido del molinillo de café, el aroma del pan recién horneado en el horno y el murmullo ocasional de turistas mezclándose con los lugareños. Sin embargo, hoy sentía el pecho apretado, una sensación de inquietud que pesaba sobre ella como una nube de tormenta en un día despejado.

"Quizás hoy no comas el muffin, cariño" dijo la voz de su madre desde atrás, casual pero con un tono que Lena conocía demasiado bien. *"Mejor come algo más ligero"*.

La mano de Lena se detuvo justo cuando estaba a punto de tomar un muffin recién horneado. Acepto el pedido de su mama, pero tragándose el nudo en la garganta. Su madre y Sophie, su hermana mayor, siempre parecían tener un recordatorio amable sobre lo que debía o no debía comer. Las palabras siempre estaban enmarcadas como "por su salud", pero cada una le robaba un poco de su autoestima. Sabía que su familia tenía buenas intenciones, pero ¿por qué su amor por la comida siempre tenía que sentirse como algo que debía ocultar?

Más tarde esa tarde, Lena ocupó su lugar habitual junto a la ventana para observar a la gente durante las horas tranquilas del café. Notó a su madre y a Sophie intercambiando miradas mientras hablaban sobre un "plan de comidas saludables" que estaban organizando. Su madre le llamó: *"Quizás quieras unirte a nosotras, Lena. Podríamos apoyarnos mutuamente y empezar algunos hábitos saludables como familia."*

El corazón de Lena se hundió. El mensaje era claro: no era exactamente lo que esperaban que fuera. Parte de ella deseaba unirse, encajar en esa imagen de salud y delgadez que parecía ser tan celebrada, pero el pensamiento se sentía pesado, como si estuviera renunciando a una parte de sí misma. Amaba la comida y la alegría que le traía, y la idea de restringirse se sentía incorrecta. Pero una pequeña voz interior se preguntaba si tal vez debería intentarlo; si tal vez cambiarse a sí misma aliviaría la tensión en su familia.

"Lo pensaré" respondió Lena suavemente, con una voz apenas audible. Su madre sonrió, claramente animada, pero Lena podía sentir cómo su estómago se revolvía. Esta era su familia, y quería su aprobación, pero sus expectativas la hacían sentir pequeña y fuera de lugar.

Esa noche, se sentó en su habitación, mirando su reflejo en el espejo. *"¿Por qué no puedo estar bien como soy?"* susurró, sintiéndose frustrada y herida a la vez. El reflejo familiar le devolvió la mirada, pero todo lo que podía ver eran los defectos cuya familia parecía notar también.

Al día siguiente, mientras Lena limpiaba después de la hora del almuerzo, Rosa entró al café. Era una cliente habitual con una risa contagiosa y un pañuelo colorido envuelto en su cabello. Rosa tenía una manera de ver cosas que los demás no notaban, y ese día captó la mirada decaída de Lena mientras se apoyaba en el mostrador.

"*¿Qué pasa, Lena? ¿Por qué esa carita?*" preguntó Rosa, con una voz cálida y acogedora.

Lena se encogió de hombros, vacilante, pero había algo en la mirada amable de Rosa que la invitaba a ser honesta.

"*Es solo que... a veces siento que no soy lo que mi familia quiere que sea. Siempre hablan de salud y de lo que debería comer, pero eso me hace sentir que estoy... mal.*"

El rostro de Rosa se suavizó. Sacó un pequeño cuaderno de bocetos desgastado de su bolso.

"*Cuando tenía tu edad, me sentía igual*" dijo. "*Estaba tan enfocada en lo que los demás pensaban de mí que olvidé conocerme a mí misma.*" Le entregó el cuaderno a Lena. "*Quizás este puede ser tu espacio. Dibuja, escribe, garabatea... lo que necesites. Es una manera de escucharte a ti misma y de aprender que tu voz importa tanto como la de cualquiera.*"

Lena tomó el cuaderno, sintiendo un pequeño destello de algo nuevo: una sensación de que sus pensamientos, su identidad, podían tener un lugar seguro, aunque fuera solo en papel.

"*Gracias, Rosa*" dijo en voz baja, sintiéndose agradecida y un poco esperanzada.

Esa noche, Lena se sentó en su cama con el cuaderno abierto sobre su regazo. Tomó su lápiz, al principio con inseguridad. Comenzó con líneas pequeñas, dibujando formas que reflejaban la confusión que sentía por dentro. Las voces de su familia resonaban en su mente, pero ahí, en la página, dejó que sus pensamientos fluyeran sin juicio.

Después de unos momentos, comenzó a dibujar una imagen: una chica de pie en un acantilado junto al mar, con el viento soplando su cabello. La chica parecía fuerte, indiferente a las olas que chocaban bajo ella. Lena hizo una pausa, dándose cuenta de que esa figura, de pie con confianza, era lo que quería ser: alguien que no se dejara influir por las expectativas de los demás.

Mientras dejaba el lápiz, Lena sintió que dentro de ella se formaba una resolución silenciosa. Tal vez no estaba lista para enfrentar a su familia directamente, pero comenzaría por honrarse a sí misma, tal como Rosa había sugerido. Este era su primer paso: un acto pequeño pero poderoso para reclamar su voz.

A medida que avanzaba el verano, el café estaba lleno de clientes en busca de una bebida refrescante o un lugar sombreado. Lena trabajaba detrás del mostrador, atendiendo pedidos, pero su mente divagaba hacia los comentarios que su madre había hecho esa mañana sobre su ropa.

"Un corte más suelto sería mejor, Lena. Estamos representando a nuestra familia aquí" había dicho su madre, con un tono amable pero inconfundiblemente crítico.

Cada comentario era como una piedrita, pequeña, pero que poco a poco se sumaba al peso que llevaba encima.

Sophie pasó por ahí rápidamente, riendo con un grupo de amigas que habían venido al café. Miró a Lena de forma casual y murmuró: *"Mamá tiene razón, ¿sabes? Se trata de mostrar tu mejor versión."*

Lena quería responde, pero algo en el tono de Sophie la hizo titubear. En su lugar, fingió una sonrisa, aunque su estómago se revolvía con incomodidad.

Luego de unas horas en esa tarde, Rosa entró al café y saludó a Lena, quien estaba limpiando mesas. Al verla, Lena sintió un alivio que la invadía. Rosa se había convertido en una aliada, alguien que veía más allá de las apariencias.

"Te ves distraída, Lena" observó Rosa con suavidad, sentándose en una de las mesas mientras Lena seguía limpiando las demás.

Lena dudó antes de responder, sin saber cómo poner sus sentimientos en palabras. Finalmente dijo:

"*Es solo que... todos parecen tener una opinión sobre quién debería ser, cómo debería verme. A veces ni siquiera me reconozco cuando me miro en el espejo.*"

La expresión de Rosa se suavizó.

"*Eso es difícil. Pero recuerda, Lena: solo tú puedes decidir qué es lo correcto para ti. El espejo solo muestra una parte de ti; hay mucho más bajo la superficie.*"

Lena asintió, sintiendo un destello de tranquilidad. Era como si las palabras de Rosa le dieran permiso para aferrarse a sí misma, incluso frente a las expectativas de los demás.

Unos días después, una tranquila noche, Lena se sentó en su cama con el cuaderno de bocetos de Rosa sobre sus piernas. Comenzó a garabatear sus sentimientos con líneas crudas en la página, y finalmente dibujó una figura de pie en un acantilado, con los rasgos borrosos, inciertos. Era una imagen de ella misma, se dio cuenta: alguien atrapada entre lo que quería ser y lo que los demás esperaban que fuera.

"*¿Por qué me importa tanto?*" pensó. "*¿Por qué no puedo simplemente dejarlo ir?*"

Pero sabía la respuesta. Era su familia. Los amaba, y su aprobación le importaba. Sin embargo, las críticas constantes, incluso cuando se disfrazaban de "consejos útiles", la dejaban dividida. Quería cumplir con sus expectativas, pero eso tenía un precio: su tranquilidad. No podía seguir moldeándose en algo que no era.

Al día siguiente, la madre de Lena sugirió una salida familiar: una caminata vespertina por la playa con sus padres y Sophie. Caminaron en silencio por un tiempo, con el sonido de las olas chocando suavemente contra la orilla. Lena sentía el peso de las palabras no dichas presionándola, pero no estaba segura de tener el valor de hablar.

Eventualmente, su madre rompió el silencio.

"*Sabes, Lena, si quisieras, podríamos empezar un nuevo plan de ejercicios juntas. Solo para mantenernos responsables*" sugirió su madre, con un tono ligero pero con el mismo matiz familiar que Lena había llegado a temer.

La respiración de Lena se detuvo y una ola de frustración la invadió. Se detuvo, la arena fría bajo sus pies, y se volvió hacia su madre. "*Mamá... ¿podemos simplemente caminar sin hablar de mi cuerpo o mi dieta? Me hace sentir como si... como si no fuera suficiente tal como soy.*"

Su madre parecía desconcertada, claramente no esperaba esa reacción. "*Lena, eso no es lo que quise decir en absoluto. Solo quiero que seas feliz y saludable.*"

"*Sé que tienes buenas intenciones*" respondió Lena, tratando de mantener su voz firme. "*Pero no se siente así para mí. Solo se siente... como presión.*"

Un entendimiento silencioso pasó entre ellas, y su madre asintió lentamente, con una mezcla de sorpresa y reflexión en su expresión. Por primera vez, Lena sintió que se había permitido establecer un límite, expresar su incomodidad en lugar de internalizarla.

Esa noche, Lena regresó a su habitación y abrió su cuaderno de bocetos, sintiéndose más ligera. Dibujó una figura de nuevo, pero esta vez estaba de pie en tierra firme, mirando hacia el horizonte con una sensación de calma. Las líneas eran más audaces, más definidas: ya no estaban borrosas ni inciertas.

Mientras miraba su dibujo, una sensación de empoderamiento la envolvió. Hablar no había sido fácil, pero había valido la pena. Se sentía más conectada consigo misma, más en sintonía con sus pensamientos y sentimientos que en mucho tiempo.

Antes de acostarse, susurró para sí misma:

"*No tengo que cambiar por nadie. Puedo simplemente ser... yo.*"

Y por primera vez, eso se sintió completamente bien.

Al día siguiente, Sophie, su hermana mayor, estaba organizando los productos horneados en el mostrador.

"¡Hola, Lena!" dijo con un tono casual, pero con un toque de curiosidad que Lena percibió. *"Estaba pensando… quizás podríamos probar algunas recetas saludables juntas. Podría ser divertido, ¿sabes?"*

Lena se detuvo, sus dedos apretándose instintivamente alrededor de su cuaderno de bocetos. En el pasado, podría haber ignorado la sugerencia o aceptado solo para evitar tensiones. Pero hoy, las palabras de Rosa resonaban en su mente: *"Los límites saludables consisten en encontrar lo que es correcto para ti, no solo para los demás."*

Respiró hondo y respondió:

"Gracias, Sophie. Sé que lo dices con buena intención. Pero, en realidad, estoy bien con las cosas que ya disfruto. Tal vez algún día pueda compartir una receta que me encanta contigo."

Sophie pareció ligeramente sorprendida, pero asintió.

"Claro, Lena. Me gustaría eso" respondió, con una mezcla de comprensión y un respeto recién descubierto en su mirada.

Esa noche, la familia de Lena se reunió alrededor de la mesa para cenar, con la típica variedad de platos caseros frente a ellos. Su madre comenzó a hablar, mencionando casualmente el tamaño de las porciones y el "equilibrio," como tantas veces antes. Normalmente, Lena permanecería en silencio, soportando el leve malestar que estas conversaciones le causaban. Pero esta noche era diferente.

Lena miró alrededor de la mesa, y al ver a su madre y a Sophie hablando, se dio cuenta de que quería una dinámica familiar basada en la aceptación, no en la presión. Con el corazón latiéndole con fuerza, aclaró su garganta.

"Mamá, Sophie" comenzó, con una voz más suave de lo que esperaba pero que se fortaleció mientras continuaba. *"Realmente quiero estar saludable, pero también quiero sentirme bien conmigo misma.*

Cuando hay tantos comentarios sobre mis decisiones, me cuesta sentirme de esa manera."

Su madre y Sophie la miraron, la sorpresa evidente en sus rostros. Su madre abrió la boca para responder, pero Lena continuó con suavidad: *"Sé que se preocupan y quieren lo mejor para mí, y lo agradezco. Solo necesito descubrir qué significa saludable para mí."*

Siguió un momento de silencio, y luego su madre asintió lentamente. *"Gracias por compartir eso, Lena. No me había dado cuenta de cómo te estaba afectando"* dijo con una nueva suavidad en su mirada, una chispa de comprensión que Lena había deseado durante tanto tiempo.

Sophie añadió:

"Creo que es valiente de tu parte hablar, Lena. No es fácil hacerlo."

Lena asintió, sintiendo una oleada de alivio. No esperaba que cambiaran de la noche a la mañana, pero expresar sus sentimientos y establecer sus límites se sintió como una victoria significativa.

A la mañana siguiente, Lena bajó a la playa con su cuaderno de bocetos en mano. Encontró su lugar favorito, con vista a las olas, y comenzó a dibujar: una chica erguida, con una postura abierta, enfrentando la inmensidad del océano. Cada línea que trazaba reflejaba su propio viaje, desde la duda y la confusión hasta la claridad y el respeto propio.

La escena representaba su crecimiento: su camino para abrazar quién era sin la necesidad de la aprobación externa. Había encontrado su propia definición de salud y belleza, una que incluía amabilidad, cuidado personal y alegría.

Al cerrar su cuaderno de bocetos y mirar el océano, una calma llena de satisfacción la envolvió. Sabía que regresaría al café y a su familia con el valor de mantenerse fiel a sí misma, incluso mientras navegaba por las bien intencionadas, pero a veces desafiantes expectativas de ellos.

Por primera vez, Lena sintió que su voz importaba. Había ganado algo mucho más valioso que la validación de los demás: había obtenido un sentido inquebrantable de sí misma. Y mientras estaba allí, con las olas rompiendo suavemente contra la orilla, supo que estaba lista para enfrentar cada nuevo día con confianza y un corazón abierto.

Lecciones de "Fiel a Mí Misma"

El viaje de Lena nos recuerda que tu valor no está ligado a las expectativas u opiniones de los demás. Es fácil interiorizar comentarios bien intencionados, especialmente de familiares o seres queridos, pero tu voz y tus sentimientos importan más que los de ellos. Aprender a establecer límites es un paso valiente hacia el respeto propio y el bienestar emocional.

Esta historia resalta la importancia de prestar atención a tus propias necesidades. Cuando Lena abrazó su individualidad a través de sus bocetos, descubrió una forma de procesar sus emociones y celebrarse a sí misma. Tú también puedes encontrar una vía creativa, un espacio seguro para expresar tus sentimientos y conectar con tu interior.

Es natural buscar la aprobación de los demás, pero tu felicidad no debería depender de cumplir con sus estándares. La decisión de Lena de defenderse no fue fácil, pero fue empoderadora. Nos muestra que ser honesta sobre tus sentimientos, incluso cuando es incómodo, puede llevar a una comprensión más profunda y relaciones más fuertes.

Finalmente, tu cuerpo y tus preferencias son únicos, y eso es algo que debes honrar, no esconder. La verdadera confianza proviene de aceptar quién eres, con todas tus imperfecciones, y de mantenerte firme en lo que te hace sentir bien. Al igual que Lena, puedes aprender a vivir auténticamente y a abrazar la belleza de ser fiel a ti misma.

Historia 7 – "Más Allá del Juego"

Desde el momento en que Ella sostuvo un balón de baloncesto por primera vez, supo que era más que un simple juego: era una parte de ella. A sus catorce años, pasaba la mayoría de las tardes en la cancha, perfeccionando sus tiros libres, driblando por el concreto agrietado y esforzándose por mejorar. El baloncesto siempre había sido su escape, su refugio, un lugar donde podía ser ella misma sin preocuparse.

Pero a medida que se acercaban las pruebas para el equipo escolar, un sentimiento inesperado comenzó a instalarse en su interior: una mezcla de emoción y ansiedad. Este año, se decía, sería el año en que finalmente formaría parte del equipo.

Sin embargo, había otra voz, más baja pero persistente, que susurraba dudas que no podía ignorar. Ella había escuchado a algunas chicas hablando en el vestuario la temporada pasada, mencionando que ella no "*parecía una jugadora de verdad*". "*No es solo cuestión de habilidad; también tienes que lucir bien*", había escuchado decir a una de ellas. Esas palabras se quedaron con ella, reapareciendo cada vez que pisaba la cancha.

Pero allí, de pie en la línea de tiros libres, esas dudas parecían desvanecerse, aunque solo fuera por un momento.

Ella estaba en la línea de tiros libres, botando el balón rítmicamente mientras fijaba la vista en el aro. El familiar roce del balón contra el concreto de la cancha y la brisa fresca de la tarde acariciando su piel eran reconfortantes, como un suave recordatorio de que ese lugar, ese juego le pertenecía. Miró a su alrededor, observando a algunos niños más pequeños jugando cerca, riendo y animándose unos a otros. Allí, en esa cancha, Ella se sentía viva, como si pudiera dejar de lado todo lo demás y concentrarse solo en el juego.

"Aquí es donde me siento yo misma" pensó Ella, apretando instintivamente el balón entre sus dedos. *"Sin expectativas. Sin juicios. Solo el juego y yo."*

Más tarde esa semana, Ella esperaba fuera de las puertas del gimnasio a que comenzaran las pruebas de baloncesto, con el estómago revuelto entre la emoción y un toque de nerviosismo. Había practicado todo el verano, haciendo ejercicios y trabajando en sus tiros, con la esperanza de asegurarse un lugar en el equipo este año.

Cuando el entrenador comenzó a llamar a las jugadoras para los calentamientos, Ella escuchó a algunas compañeras hablando cerca. Sus voces eran bajas, pero las palabras le llegaron con claridad.

"¿Crees que Ella realmente tiene lo que se necesita? Tiene habilidad, pero... ya sabes" murmuró una de las chicas, lanzando una rápida mirada hacia Ella.

La otra se encogió de hombros. *"El entrenador quiere jugadoras que luzcan como tal, no solo que jueguen bien."*

Las palabras golpearon a Ella más fuerte de lo que esperaba, como un escalofrío recorriendo su columna. Un pensamiento fugaz cruzó por su mente: *"¿Y si tienen razón?"*

"Tal vez tengan un punto", pensó, retorciendo distraídamente el dobladillo de su camiseta. *"Me encanta el baloncesto, pero quizá no encajo en lo que buscan."*

Esa noche, Ella dio vueltas en la cama, repitiendo la conversación una y otra vez en su mente. La emoción por las pruebas quedó ensombrecida por una duda persistente que no podía sacudirse.

Al día siguiente, al pasar junto a la cancha, se detuvo, ese lugar que antes era tan acogedor ahora parecía distante e inhóspito. La idea de jugar allí se sentía pesada, y por primera vez, dio media vuelta.

"¿Qué sentido tiene intentarlo si piensan que no encajo?" pensó Ella, apretando con fuerza las correas de su mochila. *"Tal vez tengan razón... tal vez simplemente no tengo la apariencia adecuada para esto."*

La sensación de exclusión y decepción se apoderó de ella como una nube, haciéndola cuestionar si el amor que sentía por el baloncesto sería suficiente.

El fin de semana siguiente, Ella se encontró en el centro comunitario de su vecindario, lanzando aros en silencio. La cancha se sentía más vacía de lo habitual, como si su inseguridad hubiera drenado la vida del lugar. Se concentró en cada bote del balón, tratando de apartar los pensamientos. Justo entonces, Rosa, una artista local y exatleta conocida por su apoyo, pasó por allí y se detuvo al ver la expresión concentrada y decidida de Ella.

"¡Ella! ¡Tienes un gran seguimiento en tus tiros!" dijo Rosa con una sonrisa. *"Recuerdo cuando estaba pegada a esta cancha, igual que tú."*

Ella sonrió tímidamente, sus hombros relajándose un poco. *"Gracias, Rosa"* respondió, algo avergonzada. *"A veces siento que este es el único lugar donde puedo ser yo misma, ¿sabes?"*

Rosa asintió, su expresión suavizándose. *"Cuando era más joven, me decían que no "encajaba" en los deportes que amaba. La gente decía que mi cuerpo no era el "tipo correcto" para ser nadadora. Casi dejo que se metieran en mi cabeza"* pausó, encontrándose con los ojos de Ella. Pero luego me di cuenta de que mi fuerza no dependía de encajar en la idea de alguien más. Dependía de cuánto amaba nadar, de lo que sentía al hacer lo que amaba. De ahí venía mi verdadera fortaleza.

Rosa le entregó a Ella una pulsera, grabada con las palabras: *"La fuerza viene desde adentro."*

"Úsalo como un recordatorio," continuó Rosa, con una voz firme y alentadora. *"Las personas que juzgan a los demás por su apariencia no ven todo el panorama. Tienes algo especial, Ella. No dejes que nadie te haga olvidarlo."*

Ella bajó la mirada hacia la pulsera, sintiendo una sensación cálida en su pecho. Por primera vez desde las pruebas, un destello de esperanza comenzó a disipar el peso de la duda.

"Tal vez Rosa tenga razón," pensó Ella, apretando el puño con nueva determinación. *"Amo este juego más que nada... ¿No debería ser eso lo que realmente importa?"*

Más tarde esa semana, Ella regresó al gimnasio, aun cargando el peso de sus preocupaciones, pero con las palabras de Rosa resonando en su mente. Observó a un grupo practicando tiros en la cancha, incluyendo a algunas de las mismas compañeras que la habían hecho sentir fuera de lugar. Ella se detuvo, sujetó la pulsera y respiró hondo.

Se ató los cordones de las zapatillas, caminó hacia la cancha y recogió un balón, recibiendo algunas miradas sorprendidas de las jugadoras cercanas. A pesar del nerviosismo en su estómago, se obligó a avanzar, botando el balón con determinación.

"Puede que no encaje en lo que creen que debe ser una jugadora," pensó mientras sus manos encontraban el ritmo familiar con el balón. *"pero eso no significa que no pertenezca aquí."*

Con una última respiración profunda, Ella cuadró los hombros y lanzó su tiro. El balón atravesó la red limpiamente, con un suave *swoosh*. Ya no estaba allí para demostrarles algo a los demás; estaba allí por ella misma, recuperando el deporte que tanto amaba.

Mientras salía de la cancha, las palabras de Rosa seguían resonando en su mente: "Tienes algo especial, Ella." Una tranquila determinación se asentó en su interior.

A la mañana siguiente, ajustó su alarma temprano y llegó al gimnasio justo cuando el sol comenzaba a salir. La cancha vacía estaba bañada por una suave luz matutina. Respiró hondo, botando el balón en el silencio, el sonido resonando contra las paredes. No había público, ni presión: solo el ritmo del juego y su corazón estabilizándose con cada tiro que hacía.

"Estoy haciendo esto por mí," pensó, sintiendo la pulsera de Rosa contra su piel. *"Estoy aquí porque lo amo."*

Al salir del gimnasio, una pequeña sonrisa apareció en las comisuras de sus labios. Volvería a la mañana siguiente, lista para dar lo mejor de sí.

Las prácticas matutinas de Ella rápidamente se convirtieron en su rutina, cada amanecer marcando una nueva oportunidad para trabajar en sus habilidades y recordarse a sí misma por qué amaba el juego. Pero en la escuela, los susurros y las miradas de reojo no desaparecieron.

Durante el almuerzo, escuchó una conversación entre sus compañeras de equipo. Una de ellas rió y dijo:

"Está trabajando duro, pero todavía no la veo encajando en el equipo. Simplemente Ella no se ve bien."

Sintiendo una punzada, Ella apretó con fuerza su bandeja y se dirigió a una mesa vacía. Una compañera de clase, Mia, con quien Ella no había hablado mucho antes, la vio sola y decidió sentarse con ella.

Mia dejó su bandeja y dijo con naturalidad:

"Sabes, te veo en el gimnasio todas las mañanas. Es bastante impresionante que sigas con eso."

Ella respondió con una media sonrisa.

"Gracias… Solo desearía que se sintiera suficiente. A veces, es difícil saber si estoy haciendo esto por mí o para demostrar algo a alguien".

Mia asintió.

"Créeme, lo entiendo. Pero recuerda, nadie más sabe cuánto significa esto para ti más que tú. Eso es lo que lo hace valioso."

Con el apoyo de Mia, Ella encontró una pequeña pero significativa aliada: alguien que veía su esfuerzo y comprendía el desafío de mantenerse fiel a sí misma en medio de la presión externa.

Con el apoyo de Mia, Ella encuentra una pequeña pero significativa aliada, alguien que reconoce su esfuerzo y entiende el desafío de mantenerse fiel a sí misma en medio de las presiones externas.

Con las palabras de Mia resonando en su mente, Ella se compromete aún más con sus prácticas, trabajando más duro que nunca. Pero a medida que se esfuerza, también siente el peso del juicio acumulándose.

Una tarde, durante un juego de práctica, el entrenador la llama aparte. "Ella" comienza, sin dureza pero con un toque de duda en su voz. *"Veo que estás poniendo mucho esfuerzo, pero puede que este no sea el mejor lugar para ti. El baloncesto requiere un… cierto aspecto. Hay un equilibrio, una… forma. Tal vez hay otro rol en el que aún podrías apoyar al equipo."*

Sin embargo, mientras las palabras del entrenador seguían resonando, algo en su interior comenzaba a quebrarse. El corazón de Ella se hunde. Fuerza un asentimiento y Ella se aleja hacia las gradas vacías. Las palabras del entrenador se repiten en su mente, como un eco de sus peores temores.

"¿Me estoy engañando a mí misma?" se pregunta, agarrando la pulsera que Rosa le dio. *"He dado todo lo que tengo, pero… ¿y si aún así no es suficiente?"*

Sintiéndose perdida, Ella se sienta sola en el gimnasio, mirando la cancha que ahora le parece extraña y poco acogedora. Este es su punto más bajo: un momento en el que debe enfrentarse a su miedo de no cumplir con las expectativas de los demás.

Al día siguiente, después de la conversación con el entrenador, Ella decide no ir a la práctica, evitando el gimnasio por completo. Decide irse a caminar por el pueblo per sin un rumbo fijo hasta que se encuentra nuevamente en el centro comunitario, donde Rosa está trabajando en un mural.

Rosa nota la expresión preocupada de Ella y la invita a acercarse, entregándole un pincel sin hacer preguntas.

"Sabía que vendrías" dice Rosa con su calma habitual. *"Algo te ronda la cabeza, ¿verdad?"*

Ella respira hondo. *"Dicen que no tengo la apariencia adecuada. Que no estoy "hecha" para el baloncesto. Ya no sé por qué sigo intentándolo."*

Rosa reflexiona antes de responder.

"Ella, si amas algo, no necesitas el permiso de nadie para seguir haciéndolo. Esto no se trata de cómo te ven los demás. Se trata de cómo te ves a ti misma. No encajas en un molde porque estás creando tu propio camino."

Las palabras de Rosa se asientan en Ella como un bálsamo, reavivando una pequeña pero feroz chispa dentro de ella. Por primera vez, Ella comienza a entender que su valor no está atado a cómo los demás la perciben, sino a la pasión que aporta a lo que ama.

Ella toma un pincel y comienza a pintar el mural, creando una imagen de una figura solitaria, fuerte y desafiante ante una tormenta. Mientras pinta, siente que sus frustraciones fluyen en cada pincelada, transformándose poco a poco en determinación.

Impulsada por su tiempo con Rosa, Ella toma una decisión. No permitirá que otros definan su valor ni le digan dónde pertenece. A la mañana siguiente, se dirige al gimnasio con un propósito renovado, no para demostrar algo a los demás, sino para recuperar su amor por el deporte.

Durante la práctica, trabaja con una intensidad y confianza que sorprenden a sus compañeras y hasta llama la atención del entrenador. Al final de la sesión, está empapada de sudor, con los músculos doloridos, pero una sonrisa genuina ilumina su rostro.

"No estoy aquí para cumplir las expectativas de nadie" piensa mientras lanza un último tiro y observa cómo el balón atraviesa limpiamente la red. *"Estoy aquí porque amo este juego. Eso es lo único que importa."*

Mientras sale de la cancha, Mia le da un choque de manos, y la pulsera de Rosa le recuerda en silencio: La fuerza viene desde dentro. Por primera vez, Ella siente una profunda satisfacción, sabiendo que está en este camino por sí misma.

Ella sale del gimnasio ese día con un nuevo sentido de autoestima y propósito. Ya no persigue la aprobación de los demás, sino que sigue su propio camino, impulsada por su pasión y determinación.

Después de encontrar una renovada confianza en sus habilidades y en sí misma, las prácticas de Ella se intensifican. Su meta ya no es demostrar su valía ante los demás, sino honrar su amor por el baloncesto.

Una tarde, está jugando sola en el gimnasio de la escuela, perdida en el ritmo del balón golpeando el suelo, cuando el entrenador principal entra.

El entrenador la observa por unos momentos antes de hablar. *"Ella, has estado trabajando duro. Puedo ver la dedicación en tu juego."*

Ella se detiene, sorprendida de escuchar esto de él. *"Gracias, entrenador."*

"Escucha, la próxima semana tenemos un partido de práctica contra otro equipo escolar. Me gustaría verte allí, dando todo de ti."

Los ojos de Ella se abren de par en par, su corazón late más rápido. *"¿Quiere decir... que quiere que juegue?"*

Él asiente, con un atisbo de respeto en su mirada. *"Has demostrado más resiliencia que muchos otros. Veamos de lo que eres capaz."*

Este momento se siente surreal para Ella. Hace unas semanas, dudaba que alguna vez volvería a pertenecer en la cancha. Ahora, la han invitado a unirse, no porque su cuerpo haya cambiado, sino porque su dedicación y habilidad son innegables.

El día del partido llega, y Ella siente una mezcla de nervios y emoción mientras pisa la cancha vestida con los colores de su equipo. El gimnasio está lleno de vida, con el chirrido de zapatillas, gritos de apoyo y el zumbido de emoción en el aire. Sabe que todos la están observando, pero por primera vez, no se siente fuera de lugar.

Cuando el juego comienza, los nervios de Ella se disipan. Se mueve instintivamente, su amor por el baloncesto guiándola en cada pase, dribleo y tiro. Durante una pausa, escucha a dos chicas del equipo contrario susurrando.

"¿Es Ella?" murmura una. *"No parece la típica jugadora."*

La otra se encoge de hombros. *"Bueno, está en la cancha, ¿no? Así que debe tener algo."*

Ella aprieta la mandíbula, pero en lugar de sentirse desanimada, siente una oleada de motivación. Se da cuenta de que ya no la definen esos comentarios; son solo ruido de fondo frente a su amor por el juego.

"Que hablen" piensa, con la mirada fija en la canasta. *"Estoy aquí por mí misma y por mi amor al baloncesto, no para encajar en la idea de nadie sobre cómo 'debería' lucir."*

El partido está reñido, y quedan solo unos segundos en el reloj. Ella atrapa el balón y, sin dudarlo, realiza un tiro en salto. El balón describe un arco perfecto y atraviesa la red justo cuando suena la bocina. Estallan los vítores de sus compañeras y de la audiencia, y Ella siente un orgullo completamente separado de la aprobación externa. Este es su momento, una victoria construida sobre su fortaleza y determinación.

Mientras regresa a la cancha, sus compañeras la rodean, dándole palmaditas en la espalda y gritando felicitaciones. Una de ellas, la misma que antes dudaba de ella, sonríe y dice:

"Ella, eso fue increíble. No sé qué habríamos hecho sin ti."

Ella asiente, disfrutando el momento, pero se da cuenta de algo sorprendente: no son las palabras de los demás las que la llenan de alegría, sino las suyas propias. *"Yo hice esto,"* piensa. *"No para demostrarles nada a ellos, sino porque sabía que podía."*

Su entrenador, quien alguna vez cuestionó su lugar en el equipo, se acerca y le extiende la mano.

"Ella, mostraste verdadero corazón allá afuera. Te subestimé, y me alegra que me hayas demostrado que estaba equivocado."

Ella estrecha su mano, sonriendo, pero su corazón permanece firme. Agradece el reconocimiento, pero sabe que ya no juega por la aprobación de los demás. Juega por ella misma, por el amor al juego que estuvo a punto de abandonar.

De vuelta en casa, Ella reflexiona sobre su camino, con el corazón lleno de gratitud. Se siente orgullosa no solo de su desempeño, sino también de la fuerza que descubrió en sí misma. Saca un cuaderno y comienza a escribir una mezcla de sentimientos y lecciones que quiere recordar.

"Antes pensaba que debía verme de cierta manera para pertenecer en la cancha. Pero estoy entendiendo que la pasión y la persistencia son más fuertes que cualquier estereotipo. No tengo que cambiar para cumplir con las expectativas de nadie; solo debo ser fiel a quien soy."

Mientras escribe, sus pensamientos se desvían hacia el entrenador principal, Mia y Rosa, cada uno de los cuales la apoyó de diferentes maneras. Decide hacerse una promesa: nunca dejar que las expectativas de otros dicten su camino.

A la mañana siguiente, lleva su balón de baloncesto al centro comunitario del barrio, donde algunas niñas más jóvenes la observan desde la banca. Ella les sonríe y lanza el balón a una de ellas.

"¿Saben? No tienen que verse de cierta manera para amar este juego" les dice, asintiendo con aliento. *"Lo único que importa es que lo amen."*

Mientras observa a las niñas jugar, siente una profunda satisfacción, sabiendo que ha cerrado el círculo, no solo como jugadora, sino como alguien que ha aceptado y abrazado su propio camino. Ha encontrado su fuerza, no cambiándose a sí misma, sino recuperando lo que ama y honrando sus propias cualidades.

Lecciones de "Más Allá del Juego"

La historia de Ella demuestra que tu pasión y determinación son mucho más valiosas que encajar en las expectativas de otras personas. En un mundo donde la gente puede juzgarte por tu apariencia o ideas preconcebidas, es importante enfocarte en lo que realmente importa: el amor por lo que haces y el esfuerzo que pones en ello. Cuando Ella decidió honrar su pasión por el baloncesto, descubrió que su valor nunca estuvo ligado a las opiniones de los demás.

Es posible que enfrentes momentos en los que la duda se infiltre y las palabras de otros te hagan cuestionarte. Pero, como aprendió Ella, tu fortaleza proviene de tu interior. La verdadera confianza no surge al tratar de cumplir los estándares de los demás, sino al aceptar tus cualidades únicas y negarte a dejar que los juicios te definan.

Esta historia también nos recuerda el poder de la resiliencia. Incluso cuando Ella enfrentó rechazo y dudas, no se rindió. Al seguir adelante, recuperó su lugar en la cancha, no al demostrarles algo a los demás, sino al reafirmar su propio valor.

Por último, el viaje de Ella enseña la importancia de crear tu propio camino. El éxito no se trata de encajar en un molde, sino de ser fiel a ti mismo. Al igual que Ella, tienes la fortaleza para superar las críticas, honrar tus pasiones e inspirar a otros a hacer lo mismo.

Historia 8 – "Raíces de Confianza"

La habitación de Mira es un reflejo de sus mundos: una colorida manta tejida por su abuela cubre la cama, las paredes están decoradas con fotos de reuniones familiares, y un pequeño estante exhibe regalos que sus parientes han traído de visitas a su país de origen. Este es el lugar donde más se siente ella misma, rodeada de recordatorios de su herencia. Su abuela a menudo comparte historias acerca de la belleza de su cultura, relatos que siempre han hecho que Mira se sienta orgullosa de quién es.

Pero últimamente, las cosas han cambiado. La secundaria es diferente, y Mira siente el peso de las expectativas de los demás como nunca antes. Está atrapada entre sus raíces culturales y la presión de parecerse a todos los demás en la escuela y en las redes sociales. Por primera vez, se pregunta si realmente pertenece a alguno de los dos mundos.

Mira se para frente al espejo de su habitación, pasando un dedo por la fina trenza tejida en su cabello. Es un pequeño recordatorio de su herencia que su abuela le enseñó, pero hoy, Mira se siente fuera de lugar llevándola. En la escuela, sabe que sus amigas llegarán con el cabello liso y brillante, maquillaje impecable y atuendos que parecen de moda, pero que no reflejan su trasfondo cultural.

Mira revisa su feed en las redes sociales y encuentra lo mismo: modelos, influencers e incluso compañeras de clase publicando selfies que refuerzan un estándar de belleza que le parece imposible alcanzar.

"¿Por qué no encajo como todas las demás?" piensa, frunciendo el ceño al mirar su reflejo. *"Si cambiara mi cabello... o mi ropa... tal vez no sentiría que estoy en dos mundos distintos."*

Se recoge un mechón suelto detrás de la oreja, alisa su camisa y sale por la puerta, aun sintiendo la incertidumbre tirando de ella.

En la escuela, Mira se sienta con sus amigas en la bulliciosa cafetería mientras hablan emocionadas sobre el gran evento del fin de semana: un encuentro local con Sofía Carter, una influencer conocida por su apariencia "perfecta" y su enorme cantidad de seguidores en redes sociales. Sofía se ha convertido en el estándar no oficial de belleza entre las amigas de Mira, y la emoción es palpable mientras discuten qué usarán y cómo se peinarán para parecerse a ella.

"¿Te imaginas si logramos tomarnos un selfie con ella?" exclama Jess, con los ojos brillantes.

Lena asiente con entusiasmo. *"Estoy planeando intentar ese look brillante que publicó la semana pasada. Ella lo hace parecer tan fácil, pero necesito encontrar el iluminador adecuado."*

Jess sonríe mirando a Mira. *"Mira, ¡tienes que venir! Será divertido. Y tal vez todas consigamos una foto con ella."*

Mira duda, mirando su almuerzo. *"No sé... no soy muy fan de todo eso. Además, no estoy segura de que encaje allí."*

Jess y Lena intercambian una mirada rápida, una mezcla de sorpresa y ligera decepción cruza sus rostros. Jess se encoge de hombros casualmente. *"Como quieras, pero sería genial que vinieras."*

Vuelven a su conversación, ahora sumergiéndose en consejos sobre cómo combinar atuendos e imitar los looks de Sofía, reforzando el ideal de belleza que Mira siente que le falta. No puede sacudirse la sensación de presión sutil, sintiéndose como una extraña en una conversación que debería ser divertida.

"Tal vez si intentara parecerme más a ellas, no parecería algo tan grande," piensa, sintiendo el peso de las palabras de sus amigas. *"Pero, ¿por qué debería cambiar tanto?"*

Ese momento se instala profundamente en ella, solidificando su sensación de insuficiencia y empujándola a considerar alterar su apariencia solo para sentirse incluida en el mundo de sus amigas.

Esa noche, Mira está frente al espejo del baño, sosteniendo su plancha para el cabello y mirando su reflejo. Se ha recogido el cabello, imaginándolo liso y brillante como el de la influencer que ha visto en innumerables fotos, como sus amigas quieren para el encuentro. Pero cuando levanta la plancha, surge una punzada de incomodidad y su mano vacila.

"¿Realmente estoy dispuesta a llegar tan lejos solo para encajar?" se pregunta, su mirada cambiando hacia la fina trenza que siempre ha llevado, una parte de su herencia que su abuela le enseñó con amor a hacer. El pensamiento comienza a profundizarse, impactándola más. *"Mi familia, mi cultura... son parte de mí. Pero aquí estoy, tratando de borrarlo todo."*

Suspira, dejando la plancha. Su pecho se siente apretado y su mente gira con el peso de la decisión. Un sentimiento tranquilo pero resuelto comienza a surgir, cuestionando si cambiarse a sí misma tan drásticamente vale el sentido de pertenencia que espera encontrar.

Mira sale del baño, todavía incierta pero aferrándose a una chispa de convicción.

Al día siguiente, Mira está en su clase de arte con la señora Ramírez, su profesora de arte. Al notar que Mira parece callada, la señora Ramírez entabla una conversación, animándola a expresar su identidad cultural a través de su arte.

"*Mira*" dice la señora Ramírez, "*he visto que pones mucho corazón en tu arte, pero creo que hay más de ti que está esperando ser expresado.*"

Mira: "*Es que... siento que el verdadero 'yo' no encaja aquí. A veces, desearía poder mezclarme con los demás como si nada.*"

Sra. Ramírez: "*Encajar puede parecer más fácil, pero el mundo necesita tu voz, tu herencia. Tal vez, en lugar de tratar de encajar, deja que tu arte refleje quién eres realmente. Hay belleza en la diversidad, Mira. En ser auténticamente tú misma.*"

Las palabras de la Sra. Ramírez siembran una semilla de autoestima en Mira. Ella comienza a considerar su singularidad cultural como algo valioso en lugar de una desventaja. Mira sale de la clase de arte sintiéndose más ligera, con una nueva perspectiva sobre su identidad y su belleza.

Inspirada por el consejo de la Sra. Ramírez, Mira decide incorporar pequeños aspectos de su cultura en su apariencia. A la mañana siguiente, se trenza el cabello cuidadosamente en el estilo tradicional que su Abuela le enseñó, asegurándolo con un toque delicado. Se pone unos aretes que le regaló su madre: pequeños aros adornados con coloridos patrones inspirados en el arte latinoamericano. Al ponérselos, Mira se detiene y se mira en el espejo.

"*Tal vez sea hora de dejar de esconderme,*" piensa, comenzando a asentarse un sentimiento de tranquila confianza. "*Estas pequeñas partes de mí... también son hermosas. Son parte de lo que me hace ser yo.*"

Mientras camina por el pasillo de la escuela, Mira siente una mezcla de orgullo y ansiedad. Nota algunas miradas curiosas de sus compañeros, pero en lugar de encogerse, levanta un poco más la cabeza. Aunque es un pequeño paso, Mira se da cuenta de que ha cruzado un umbral importante: el primer paso para reclamar su identidad y su cultura.

Con sus primeros pasos hacia la aceptación de sus raíces culturales, Mira siente una naciente confianza. Pero rápidamente se da cuenta de que mantener ese orgullo traerá su propio conjunto de desafíos. Al incorporar estos elementos en su apariencia diaria, Mira se prepara para las reacciones que podría enfrentar de sus amigos y compañeros de clase. Pronto, enfrenta las primeras señales de resistencia.

Después de que Mira comienza a incorporar pequeños elementos de su herencia en su apariencia, siente un renovado sentido de orgullo. Pero mientras camina por el pasillo de la escuela, un grupo de compañeros la observa con miradas curiosas, y una de sus compañeras, Kayla, hace un comentario casual.

Kayla: "*Mira, ¿qué pasa con el nuevo look? ¿Intentando algo... 'único'?*"

Mira: "*Pensé en probar algo diferente.*"

Kayla: "*Bueno, es... definitivamente diferente.*", dice con una sonrisa burlona, y Mira percibe un ligero tono de burla.

Mira siente cómo su confianza tambalea, su estómago se revuelve ante el juicio en la voz de Kayla. Se aleja, luchando contra el impulso de correr al baño y cambiarse.

Mira piensa: "*Tal vez solo me estoy complicando más las cosas. ¿Y si tienen razón? ¿Y si de verdad destaco... y no de una buena manera?*"

A pesar de esta duda, Mira nota a su amiga Elena ofreciéndole una sonrisa de apoyo desde el otro lado del pasillo. Elena se acerca y la tranquiliza.

Elena: "*Oye, me encanta lo que estás haciendo con tu estilo. Se ve muy genial, diferente en el mejor sentido.*"

Mira: "*Gracias, Elena. Es difícil, ¿sabes? Siento que todos me están juzgando.*"

Elena: "*Déjalos. Les estás mostrando algo real. Eso es más de lo que la mayoría puede decir.*"

El apoyo de Elena ofrece a Mira una sensación de alivio, proporcionándole una pequeña pero significativa aliada.

Unos días después, la Sra. Ramírez asigna un proyecto para que los estudiantes creen autorretratos que capturen su identidad. Mientras algunos estudiantes charlan emocionados sobre sus ideas, Mira siente que su ansiedad aumenta. Quiere incluir elementos de su herencia cultural, pero la presión de ajustarse a ciertos ideales ajenos a ella la frena.

Sentada en su escritorio, Mira dibuja con trazos vacilantes, dudando de su capacidad para crear un retrato que realmente la represente. Considera abandonar los elementos culturales por completo y dibujar algo más convencional.

Mira piensa: *"Tal vez debería ir a lo seguro. Hacer algo que no llame tanto la atención. ¿Por qué tiene que ser tan complicado esto?"*

Este momento resalta la lucha constante de Mira entre expresar su herencia y conformarse a las expectativas predominantes. Se siente dividida, dándose cuenta de que abrazar su herencia podría exponerla a más escrutinio.

Esa noche, Mira regresa a casa desanimada e insegura de cómo proceder con su proyecto. Al sentir el desánimo de su nieta, la Abuela de Mira la aparta y le pregunta qué ocurre. Mira duda, pero la calidez en los ojos de su Abuela la anima a abrirse.

Mira: *"Abuela, a veces siento que ser yo... no es suficiente. Todos en la escuela tienen este 'look', y yo simplemente no encajo."*

Abuela: *(tomando suavemente la mano de Mira)* *"Mija, llevas tanta belleza dentro de ti, proveniente de nuestra historia y cultura. Tus raíces te hacen fuerte. No necesitas cambiar para parecerte a los demás; eres única tal como eres."*

Mira: *"Pero es difícil, Abuela. A veces siento que si pudiera verme como los demás..."*

Abuela: "*Parecerte a los demás significa esconder las partes de ti que te hacen especial. Tienes algo hermoso que compartir con este mundo. No dejes que nadie te haga sentir pequeña.*"

Las palabras de su Abuela tocan profundamente a Mira, reforzando su valor y conexión con su herencia cultural. Esta conversación se convierte en un punto de inflexión, restaurando la fuerza y el valor de Mira para crear su autorretrato de una manera que celebre su identidad.

Inspirada por las palabras de su Abuela, Mira regresa a su cuaderno de dibujo, decidida a abrazar su herencia. Comienza a trabajar en su autorretrato, esta vez incluyendo colores, patrones y símbolos significativos para su cultura. Sus trazos se vuelven más firmes, capturando tanto sus rasgos físicos como su identidad.

Mira reflexiona: "*Soy más que una sola cosa. Soy la música, las historias, los colores. Esto es lo que soy. Y si otros no lo entienden, está bien.*"

Cuando Mira termina su retrato, siente un nuevo sentido de orgullo y conexión consigo misma. El proyecto ya no es solo una tarea; es una declaración de quién es, por dentro y por fuera.

Al día siguiente, comparte su retrato con la Sra. Ramírez, quien sonríe con orgullo al ver el trabajo de Mira.

Sra. Ramírez: "*Mira, esto es hermoso. Has capturado algo verdaderamente poderoso. Espero que sepas lo orgullosa que deberías sentirte.*"

Mira: (sonriendo) "*Gracias. Creo que finalmente me veo... a mí misma.*"

Este sentido de orgullo y autorreconocimiento representa la victoria inicial de Mira sobre sus inseguridades, marcando el comienzo de su viaje hacia una aceptación propia inquebrantable y una mayor resiliencia.

A medida que crece la confianza de Mira, comienza a ver su autorretrato como algo más que un proyecto escolar. Es un reflejo de su viaje, un testimonio de las partes de sí misma que una vez sintió la necesidad de ocultar. Al terminar los toques finales de su obra, Mira se siente lista para abrazar el camino que ha elegido, uno que honra su herencia y su verdadero ser.

Con su recién encontrado orgullo, Mira tiene la oportunidad de exhibir su autorretrato como parte de un proyecto de clase sobre identidad. Al principio, duda, sabiendo que esto significa compartir abiertamente su orgullo cultural y la obra de arte en la que ha puesto su corazón, con las mismas personas cuyas opiniones una vez llenaron su mente de dudas. Pero recuerda las palabras de su Abuela: *"Tienes algo hermoso que compartir con este mundo."*

El día de su presentación llega, y Mira respira hondo, sosteniendo su obra cerca de su pecho. Sabe que no se trata solo de mostrar una pieza de arte, sino de pararse frente a sus compañeros de clase y compartir un lado de sí misma que ha luchado mucho por aceptar. Puede sentir su corazón acelerarse, y por un breve momento, el peso de las inseguridades pasadas resurge. Pero se mantiene firme, dispuesta a sostener su coraje, sabiendo que esta es su oportunidad de ser realmente vista.

Mira piensa para sí misma: *"Ahora sé quién soy. He trabajado tanto para poder decirlo. Ya no me escondo."*

Cuando finalmente se para frente a sus compañeros, ve algunas miradas curiosas, unos cuantos susurros, pero también algunos gestos de aliento silencioso, incluidos los de su profesora de arte y su amiga Elena. Presenta su obra, explicando cómo refleja tanto su herencia como su viaje personal hacia la aceptación propia. La vulnerabilidad es intimidante, pero también se siente como una liberación, un momento de verdad que finalmente está lista para compartir.

Mira: *"Durante mucho tiempo, pensé que tenía que verme de cierta manera para encajar. Pero he empezado a ver que lo que veo en el espejo no es solo... apariencia. Es mi familia, mi cultura y todo lo que me hace ser yo."*

Cuando termina, la habitación queda en silencio por un momento. Mira siente su corazón latir con fuerza, insegura de qué esperar. Luego ve a algunos compañeros intercambiar miradas y asentir pensativamente. Julia, sentada en la primera fila, rompe el silencio.

Julia: *(sonriendo cálidamente)* *"Wow, Mira, eso es realmente increíble. Nunca había pensado en las cosas de esa manera."*

Sofía, una compañera de clase generalmente callada, interviene con una voz suave pero sincera.

Sofía: *"Sí, es... como una forma completamente diferente de verte a ti misma."*

Mira observa a su alrededor y capta algunos otros asentimientos de aprobación. Nota a Kayla, una de sus críticas más duras de antes, que ahora parece impresionada, con la mirada suavizada. La profesora de arte, la Sra. Ramírez, le sonríe con orgullo y le hace un pequeño gesto de aprobación con el pulgar.

Unos cuantos compañeros más expresan palabras de apoyo, y Mira siente que un peso se levanta, reemplazado por una calidez creciente. Por primera vez, percibe una aceptación real, no solo de su historia, sino de ella misma.

Mira piensa: *"Tal vez compartir mi historia hizo más de lo que pensé. Tal vez... abrió algo en todos aquí también."*

Con el corazón lleno, Mira regresa a su asiento, sintiendo cómo una sensación de pertenencia se instala en ella. Se siente más ligera, como si el peso de su historia se hubiera compartido con todos en la sala. Ya no es solo su viaje; de alguna manera, siente que sus compañeros ahora llevan una parte de él, comprendiéndola de una manera que nunca imaginó posible.

En los días que siguen a su presentación, Mira nota un cambio profundo dentro de sí misma. Siente una confianza inquebrantable en su herencia y en su apariencia, ya no midiéndose contra los demás. Cuando se mira al espejo, no piensa en encajar en un estándar único.

En cambio, ve a una persona completa y única, definida no por comparaciones, sino por su propio espíritu y experiencias.

Una tarde, mientras navega por las redes sociales, ve una publicación que presenta los ideales que una vez aspiró a alcanzar. Pero ahora, no siente presión por conformarse; en cambio, siente orgullo por su propio camino único.

Mira piensa: *"Finalmente estoy en paz. No necesito verme como nadie más porque tengo mi propia belleza, mi propia historia. Y eso es suficiente."*

Esta nueva claridad marca su transformación completa. Sabe que esta confianza no se desvanecerá: finalmente está arraigada en su propia identidad.

Habiendo completado su viaje de autodescubrimiento, Mira se convierte en una inspiración tranquila pero poderosa entre sus compañeros y amigos. Su confianza en su identidad anima a otros a abrazar su propia singularidad, provocando pequeños pero notables cambios en quienes la rodean. Ve a compañeros de clase incorporando sutilmente símbolos de su herencia—pulseras, aretes o peinados— como si, por primera vez, encontraran el valor para mostrar más de quiénes son realmente.

Un día, durante el almuerzo, su amiga Elena se le une, radiante mientras hablan sobre el impacto que la presentación de Mira ha tenido en los demás.

Elena: *"Sabes, la gente realmente notó lo que compartiste. Es como si les hubiera dado permiso para pensar en sus propias raíces."*

Mira: (sonriendo) *"Antes me preocupaba mucho lo que todos pensaban. Nunca me di cuenta de que simplemente siendo yo misma, podría ayudar a otros a sentirse bien con quienes son."*

Elena: *"Les estás mostrando que no necesitan encajar para sentirse... completos."*

Mientras Mira observa a sus amigos reír, cada uno de ellos llevando su propia historia y singularidad, una profunda sensación de paz y realización la invade. Por primera vez, siente que su viaje ha tocado más vidas que solo la suya.

"Este viaje nunca se trató de cambiar para cumplir con las expectativas de los demás," piensa Mira. *"Se trató de finalmente verme a mí misma como un todo... e inspirar a otros a ver su propia plenitud también."*

Lecciones de "Raíces de Confianza"

El viaje de Mira demuestra que ser fiel a ti misma es un acto de valentía poderoso. Puede ser tentador cambiar quién eres para encajar en el molde que los demás esperan de ti, pero la historia de Mira nos recuerda que tu individualidad—tus raíces, tu cultura y tus experiencias—es lo que te hace hermosa y fuerte.

Cuando Mira comenzó a abrazar su herencia, descubrió una conexión más profunda consigo misma. No necesitas borrar las partes únicas de quien eres para pertenecer. En cambio, honra tu identidad y recuerda que tu voz importa. Puede que otros no siempre comprendan, pero la autenticidad siempre será más gratificante que esconder partes de ti.

La historia de Mira también resalta la importancia de encontrar aliados que reconozcan tu valor. Ya sea un amigo, un maestro o un miembro de la familia, estas personas pueden recordarte tus fortalezas y ayudarte a superar las dudas sobre ti misma.

Finalmente, Mira aprendió que la confianza crece cuando dejas de compararte con los demás y comienzas a celebrar tu propia historia. Al decidir expresar sus raíces culturales, Mira inspiró a sus compañeros de clase y demostró que la autenticidad tiene el poder de derribar barreras. Tú también puedes inspirar a otros al abrazar tu viaje único—y al hacerlo, descubrirás que siempre has sido increíble.

Historia 9 – "Desplegando Confianza"

El cuarto de Lina era su santuario: un refugio tranquilo donde podía perderse en sus dibujos y escapar del ruido del mundo exterior. Le encantaba sentir el lápiz deslizarse por el papel, viendo cómo sus bocetos cobraban vida poco a poco. En este espacio privado, rodeada de sus materiales de arte favoritos y montones de libros, Lina se sentía más como ella misma: tranquila, concentrada y sin preocuparse por las expectativas que enfrentaba en la escuela.

No era alguien que se preocupara demasiado por su apariencia o buscara llamar la atención. La mayor parte del tiempo, pasaba desapercibida; sus intereses y talentos eran conocidos solo por sus amigos más cercanos. En la escuela, mezclarse con el entorno era fácil: sus jeans y camisetas pasaban inadvertidos, y sus días transcurrían de manera tranquila y predecible.

Pero ese día, mientras Lina se acomodaba en su cama con su cuaderno de bocetos en el regazo, un leve zumbido interrumpió sus pensamientos. La pantalla de su teléfono se iluminó con una notificación. Miró de reojo y su corazón dio un brinco al ver la foto: una toma espontánea de Ethan, el chico que últimamente hacía que su pulso se acelerara. Estaba riendo con sus amigos en un evento escolar, luciendo una confianza que parecía inalcanzable para alguien como ella.

Dejó su cuaderno de bocetos a un lado, incapaz de resistirse a mirar más de cerca. Sintió una punzada de inseguridad cuando su reflejo en el espejo al otro lado de la habitación captó su atención. Por primera vez, se preguntó qué vería él si dirigiera su mirada hacia ella, si la notaría entre las muchas caras que pasaban por los pasillos.

"*Me pregunto si siquiera nota a chicas como yo*", pensó, dejando que su mirada se posara en su reflejo. "*Chicas que no tienen ese aspecto perfectamente arreglado.*"

De repente, el cuarto que siempre había sido su refugio ya no se sentía tan acogedor, como si no pudiera contener todos los deseos que ahora albergaba.

Al día siguiente, Lina deambulaba entre el bullicio de la cafetería escolar, su mirada atraída inconscientemente hacia la mesa donde Ethan y sus amigos estaban sentados. No podía escuchar todas las palabras, pero algunos fragmentos llegaban a sus oídos, captando su atención. Ethan reía con sus amigos, su voz animada mientras hablaba sobre el tipo de chica que admiraba: alguien "*segura de sí misma y genial*". Una chica que sabía cómo desenvolverse, que siempre parecía arreglada sin esfuerzo.

El corazón de Lina se hundió un poco mientras lo escuchaba, sintiendo un peso nuevo y desconocido en el pecho. Bajó la vista hacia su camiseta y jeans, notando los bordes deshilachados y la mancha de tinta en la manga, recuerdo de su sesión de dibujo de la noche anterior. La chica que Ethan describía no se parecía en nada a ella. Pero, de alguna manera, por primera vez, deseaba ser así.

En la mesa, sus amigos charlaban y reían, ajenos a su distracción hasta que su amiga Sarah la empujó con una sonrisa burlona.

"*¡Tierra llamando a Lina! Te has ido a otro planeta otra vez. ¿Qué pasa?*" bromeó Sarah, levantando una ceja.

Lina parpadeó, sintiendo cómo se le calentaban las mejillas al darse cuenta de que había estado mirando. "*Oh, nada... solo estaba pensando,*" respondió, tratando de alejar esa extraña sensación que la carcomía.

Pero mientras su mirada volvía hacia Ethan, el pensamiento persistía, más fuerte y más insistente.

"*Tal vez, si me viera más como esas chicas—más segura, más arreglada—él realmente me notaría,*" reflexionó, sintiendo un nudo en el estómago.

Un cambio sutil había comenzado en su interior, un susurro que la instaba a encajar en un molde que no sabía que existía en su mundo hasta ahora.

Esa noche, Lina estaba acostada en su cama, desplazándose por su feed de redes sociales, su pulgar deteniéndose en cada imagen pulida de las chicas de su escuela. Sus fotos parecían sacadas de una revista: peinados estilizados, atuendos cuidadosamente seleccionados, poses llenas de confianza. Cada imagen parecía gritar una confianza que de repente sentía que le faltaba.

Sus dedos se apretaron alrededor de su teléfono, su corazón pesado con una duda nueva y extraña. Sin pensar mucho, dejó el teléfono a un lado y alcanzó su cuaderno de bocetos, sintiendo la cubierta desgastada bajo sus dedos. Era un consuelo familiar, un lugar donde podía expresarse sin preocuparse por cómo los demás la veían.

Lo abrió, pero en lugar de dibujar, se encontró mirando fijamente la página en blanco, su mente volviendo a las palabras de Ethan. La imagen de sí misma, segura y tal vez solo un poco diferente, lo suficiente como para captar su atención, apareció en su mente.

"*¿Estoy realmente dispuesta a cambiar tanto solo para encajar?*" se preguntó, sintiendo una punzada de incertidumbre. "*¿No hay algo más en mí que solo la apariencia?*" Golpeó su lápiz contra la página, pensativa. "*Pero... ¿y si nunca me ve como alguien interesante si sigo siendo así?*"

Su corazón se retorcía con la pregunta, dejándola dividida.

La parte de Lina que encontraba alegría en su arte, en la fuerza silenciosa de simplemente ser ella misma, chocaba con ese nuevo y desconocido deseo de ser aceptada. Con un suspiro, cerró su cuaderno de bocetos, cuyas páginas eran un recordatorio de quién era debajo de la superficie, un recordatorio que no estaba segura de querer dejar atrás.

Una tarde, Lina se quedó más tiempo en el salón de arte después de clase, con la mirada fija en los proyectos sin terminar y las pinturas vibrantes que adornaban las paredes. La luz dorada de la tarde se filtraba, bañando con un resplandor cálido las mesas llenas de pinceles, pasteles y lienzos en blanco, todos esperando convertirse en algo más.

La señora Foster, su profesora de arte, se le acercó con una sonrisa amable. "*Lina, ¿podrías ayudarme con estos materiales?*" le pidió, señalando un montón de pinturas. Lina asintió, agradecida por un momento tranquilo que la distrajera de los enredos en su mente sobre sí misma y su lugar en el mundo.

Mientras organizaban los estantes en un silencio cómodo, la señora Foster la miró con una expresión comprensiva.

"*¿Sabes? Yo también batallé mucho en la preparatoria*" dijo. "Creía que tenía que encajar perfectamente para que la gente me quisiera o me respetara". Hizo una pausa, el recuerdo suavizando su expresión. "*Pero con el tiempo, me di cuenta de que las personas que ven quién eres realmente, las personas que importan, te notarán por quién eres, no por quién pretendes ser.*"

Lina vaciló, pasando un dedo por una paleta de colores brillantes. *"¿Y si... soy demasiado simple para destacar?"* murmuró, dejando que las palabras escaparan antes de poder contenerlas. Parece que la gente solo te nota si te pareces a los demás.

La señora Foster le entregó un pincel, su expresión cálida y reflexiva. *"Lina, la verdadera confianza no se trata de convertirte en alguien más. Se trata de entender que ya tienes todo lo que te hace extraordinaria, tal como eres. Y cuando creas en eso, los demás también lo verán."*

Mientras procesaba las palabras de la señora Foster, Lina sintió una chispa de algo que no podía nombrar del todo, una suave tranquilidad que no sabía que necesitaba. Sus ojos se posaron en los frascos de pintura, los colores vibrantes le recordaban los bocetos que había mantenido escondidos, los que sentía que eran piezas de sí misma.

"Lo hace sonar tan fácil" pensó Lina, con el peso de la duda aún presente. *"Pero... tal vez hay algo en lo que dice."*

Por primera vez en días, Lina sintió una tranquila esperanza, como si finalmente estuviera viendo un destello de sí misma bajo una nueva luz, rodeada por los colores y texturas del salón de arte, un lugar donde se valoraba la autenticidad sobre la imitación.

Animada por las palabras de la señora Foster sobre ser fiel a sí misma, Lina decide hacer un cambio sutil pero significativo.

En lugar de examinar cada detalle de su apariencia, decide enfocarse en cómo se siente: cómoda y auténtica. Por la mañana, frente al espejo, resiste la tentación de preocuparse por su aspecto. En su lugar, trenza su cabello en su estilo práctico favorito y se pone su sudadera más cómoda, esa que se siente muy bien. Luego, toma su cuaderno de bocetos. Por primera vez en mucho tiempo, siente una emoción tranquila al llevarlo consigo.

Haciendo una pausa, Lina mira su reflejo, notando una calma que no había sentido en días.

"Tal vez no necesito cambiarme para destacar. Tal vez... ser yo misma es suficiente para empezar."

En la escuela, sus amigos le echan un vistazo rápido, pero Lina sostiene sus miradas con una confianza serena. Mientras camina por el pasillo, algunas personas la miran con curiosidad, pero ella abraza su cuaderno de bocetos con más fuerza, el peso familiar dándole seguridad.

En la clase de arte, la señora Foster nota su decisión de llevar su cuaderno y le da una pequeña y alentadora sonrisa, un reconocimiento silencioso del primer paso de Lina hacia la autoaceptación. Al sentarse, Lina abre su cuaderno y comienza a dibujar, sintiéndose más como ella misma de lo que se había sentido en mucho tiempo.

Desde el otro lado de la mesa, su compañera de clase Zoe nota sus bocetos y le dice:

"No sabía que dibujabas así, Lina. Está realmente genial."

Lina, sonriendo tímidamente pero sintiéndose orgullosa:

"Gracias... es algo que me gusta hacer."

Mientras continúa dibujando, Lina se da cuenta de que esta pequeña decisión, mostrarse tal como es, es un comienzo poderoso. Y quizá, solo quizá, sea suficiente.

Con su primer paso hacia abrazar su yo auténtico, Lina entra al pasillo de la escuela con un atuendo que se siente cómodo y refleja más su estilo: colores suaves, jeans sueltos, su sudadera favorita. Lleva su cuaderno de bocetos bajo el brazo, un símbolo silencioso de su compromiso con integrar más de sí misma en su vida diaria. La noche anterior, había sentido una creciente confianza, pero ahora, al captar las miradas de juicio de algunos compañeros, esa confianza comienza a tambalearse.

Mientras camina, un par de chicas notan su cambio. Comparten una mirada antes de que una de ellas se acerque con una sonrisa sarcástica.

Ava: *"¿Nuevo estilo, Lina? ¿Intentando ir por el "look de artista" o algo así?"*

Lina: *"Sí... supongo que solo quería traer un poco más de mí misma a la escuela."*

Ava: *"Bueno... es definitivamente diferente."*

Las palabras de Ava se quedan en el aire, y la confianza de Lina decae. Y una duda comienza a invadirla, y aprieta con fuerza su cuaderno de bocetos.

Los pensamientos de Lina se aceleran: *"¿Realmente destaco tanto... y es algo malo? ¿Por qué debería importarme lo que piensen? Esto se supone que es por mí, no por ellos."*

Justo entonces, su amiga Katie aparece al otro lado del pasillo. Nota la expresión de Lina y, al ver a Ava alejarse, le regala una sonrisa tranquilizadora.

Katie: *"¡Hey, Lina! Me encanta lo que estás haciendo; te queda muy bien. No le hagas caso a gente como Ava."*

Lina: *"Gracias, Katie. A veces... no estoy segura de si realmente estoy haciendo esto por mí o si solo estoy intentando demostrar algo a los demás."*

Katie: *"Quizá sea un poco de las dos cosas, y está bien. Pero recuerda, hay mucho más en ti de lo que ellos ven."*

Las palabras de Katie le traen calma a Lina, permitiéndole concentrarse en por qué había comenzado este viaje. Impulsada por el apoyo de su amiga, Lina camina hacia su próxima clase con un renovado sentido de determinación, llevando su cuaderno de bocetos abiertamente, como un recordatorio de que puede confiar en sus propias decisiones.

El patio de la escuela estaba lleno del bullicio habitual, con amigos reunidos en grupos, riendo y hablando sobre planes para el fin de semana. Lina había encontrado un rincón tranquilo para dibujar, enfocándose en capturar las sombras proyectadas por los árboles y permitiéndose relajarse en su arte. Pero entonces alzó la vista y vio a Ethan al otro lado del patio.

Él estaba riendo con Madison, una chica de su grado conocida por su estilo pulido y apariencia impecable. Madison tenía esa manera de moverse, segura y casual, que la hacía parecer tan cómoda consigo misma. Y mientras Lina observaba, sintió una punzada que no había sentido en un tiempo: una mezcla de anhelo y duda. El cabello de Madison brillaba bajo el sol, su atuendo perfectamente combinado. Y ahí estaba Ethan, cautivado por ella, colgando de cada una de sus palabras.

El corazón de Lina se hundió mientras los observaba, bajando la mirada de vuelta a su cuaderno de bocetos. No podía evitar pensar en los esfuerzos recientes que había hecho para mantenerse fiel a sí misma. Pero ahí estaba la realidad: Ethan no parecía notar ni importarle. Estaba atraído por alguien más, alguien que no se parecía en nada a ella, y de repente toda su seguridad se sintió como si se deslizara entre sus dedos.

"Quizá nunca seré el tipo de chica que él note" pensó Lina, cerrando su cuaderno con un suspiro. *"Ella es todo lo que yo no soy. ¿Por qué tiene que ser tan difícil? Tal vez ser yo misma simplemente… no sea suficiente."*

Por primera vez desde que comenzó su viaje, Lina sintió el impulso de cambiar nuevamente, de moldearse en lo que pensaba que Ethan y quizá todos los demás querían. Su confianza en ser su verdadero yo se sentía frágil, como una vela parpadeando en la brisa, y temía que pudiera apagarse por completo.

Sin embargo, incluso mientras estaba sentada allí, luchando contra su duda, sintió una pequeña resistencia dentro de sí, una voz que le recordaba su progreso reciente, el orgullo silencioso que había estado construyendo. Esa voz era débil, casi escondida bajo sus inseguridades, pero estaba allí, instándola a recordar por qué había comenzado este camino.

Y aunque no podía acallar por completo su duda, decidió, al menos por ahora, salir de ese patio sin alterarse. Pero la prueba se estaba volviendo más difícil, y sabía que el verdadero desafío aún estaba por venir.

La noche del evento escolar llegó, y Lina estaba frente al espejo de su habitación, casi sin reconocerse. Llevaba un vestido ajustado y a la moda que sus amigas le habían insistido que comprara, junto con un maquillaje pesado que se sentía extraño en su rostro. Mirándose al espejo, jugueteaba con el brazalete de su mamá, sintiéndose dividida.

"¿Realmente voy a tirar todo por la borda solo para encajar esta noche? Pero tal vez esto es lo que se necesita para que la gente me note. Tal vez es lo que hará falta para que Ethan me note..."

Tomando una respiración profunda, se dirigió al evento, esperando que su atuendo le diera la confianza que tanto ansiaba. Pero casi de inmediato, se sintió incómoda: el vestido era demasiado apretado, el maquillaje demasiado pesado. Vio a Ethan riéndose con un grupo de amigos, incluidos algunos compañeros de clase que se veían relajados, siendo ellos mismos sin esfuerzo.

Él no volteó a verla, completamente absorto en la energía natural y alegre de las personas que lo rodeaban. Al observarlos, Lina se dio cuenta de que ninguno de ellos parecía preocupado por "verse perfectos" o cumplir con las expectativas de alguien; simplemente estaban disfrutando de la noche.

En ese momento, una claridad la invadió.

"Él no está prestando atención a mi vestido ni a mi maquillaje," pensó. *"Está divirtiéndose con personas que son auténticas."*

Sintiendo una oleada de alivio, Lina se metió al baño y enfrentó su reflejo. Miró el maquillaje pesado y el vestido, dándose cuenta de hasta dónde había llegado para ser alguien que no era.

"Esto no soy yo. No debería tener que cambiar para que me noten."

Con una sensación de determinación, se quitó el maquillaje, recogió su cabello y sintió cómo se levantaba el peso del fingimiento. Cuando volvió al evento, no era para buscar la aprobación de nadie; era para disfrutar de sí misma, tal como era.

Después del evento escolar, Lina se sintió diferente: más clara y con los pies en la tierra. Al día siguiente, volvió a la escuela vistiendo su suéter cómodo favorito, con el cabello recogido naturalmente y su cuaderno de bocetos bajo el brazo. Por primera vez, no se preguntó qué podrían pensar los demás; simplemente se sintió ella misma.

Caminando por el pasillo, notó que su amiga Katie venía hacia ella, con los ojos iluminados al verla.

Katie: *"¡Lina, hay algo diferente en ti hoy! Te ves... como tú misma. Pero, no sé, ¿más segura?"*

Lina: *"Gracias, Katie. Me di cuenta de que si alguien no me aprecia tal como soy, entonces tal vez no son mis amigos."*

Katie asintió con aprobación, y Lina sintió una oleada de gratitud por el apoyo de su amiga.

Mientras continuaba por el pasillo, Lina captó su reflejo en la ventana y, por primera vez, se sintió orgullosa de lo que veía. No necesitaba la aprobación ni los elogios de nadie. Simplemente caminar por esos pasillos, sabiendo que estaba siendo fiel a sí misma, era una recompensa en sí misma.

"Ser yo misma es lo mejor. Siempre lo ha sido."

De vuelta en su habitación, Lina se sentó en su escritorio, mirando una página en blanco de su diario. Su profesora de inglés había asignado un proyecto sobre identidad, algo profundamente personal que debía compartirse con la clase. La tarea se sentía como una oportunidad para ser real, para mostrar cuánto había crecido. Pero la idea de compartir sus luchas recientes, la inseguridad, la necesidad de aprobación de los demás y el autodescubrimiento que siguió, era intimidante.

La pregunta persistía: ¿debería mantenerse segura y superficial, o dejar que sus compañeros vieran su verdadero yo? Sus dedos flotaban sobre el bolígrafo, la duda tirando de ella.

Lina miró su reflejo en el espejo cercano, el mismo que había examinado con tanto escrutinio semanas atrás. Ahora, veía a alguien con una historia que valía la pena contar, una historia que podría resonar con otros.

"*Si comparto esto...*" pensó, "*quizá alguien más se sienta menos solo. Quizá vean que está bien ser exactamente quienes son.*"

Tomando una respiración profunda, Lina levantó el bolígrafo, dejando que sus pensamientos fluyeran sobre la página. Escribió sobre el deseo de encajar, la lucha de sentir que constantemente no era suficiente y la realización de que la verdadera confianza venía de abrazar su yo auténtico. Cuando terminó, leyó el título: "Aprendiendo a Aceptarme."

Para Lina, este proyecto se convirtió en algo más que una tarea escolar: fue un testimonio de su viaje y un paso hacia apropiarse de su historia.

El día de la presentación de Lina llegó, y aunque sus manos temblaban ligeramente, se paró al frente del aula, decidida. Mientras leía en voz alta, sus nervios iniciales comenzaron a disiparse, reemplazados por una sensación de fuerza tranquila que no esperaba. Con cada línea, Lina compartió su viaje de la duda a la autoaceptación, sintiendo orgullo con cada palabra.

Cuando terminó, el aula quedó en silencio. Algunos compañeros asintieron en silencio, mostrando comprensión, y Katie le regaló una sonrisa alentadora desde la última fila.

Jenna: "*Lina, eso fue valiente. No tenía idea de que te sentías así. Creo que muchos de nosotros también lo hacemos.*"

Dylan: "*Es genial que simplemente... seas tú misma. Me hace pensar en cuánto cambio yo para encajar también.*"

Mientras Lina miraba a su alrededor, su miedo inicial se disolvió. "*Tal vez compartir mi historia ayudó a otros a darse cuenta de que no tienen que cambiar para sentirse valorados,*" pensó, sintiendo un sentido de conexión y propósito.

Su viaje había inspirado a sus compañeros, mostrándoles que el verdadero valor proviene de ser quienes son, sin intentar encajar en el molde de alguien más.

En los días posteriores a su presentación, Lina sintió una confianza tranquila que nunca había conocido. Sus compañeros la miraban de una manera un poco diferente ahora, con un respeto que no esperaba. Durante el almuerzo, se dirigía a su mesa habitual cuando notó a Ethan caminando hacia ella, luciendo un poco dudoso.

El corazón de Lina dio un salto cuando Ethan se detuvo frente a ella, diciendo: "*Oye, Lina... Solo quería decirte que tu presentación fue... realmente valiente. O sea, es genial que compartieras tanto de ti. Me hizo pensar en... bueno, creo que en ser honesto conmigo mismo también.*"

Lina: "*Gracias, Ethan. Nunca pensé que compartir mi historia podría realmente... ayudar a alguien más.*"

Ethan: "*Lo hizo. Muchos de nosotros nunca podríamos decir las cosas que tú dijiste.*"

Mientras Ethan se alejaba, Lina sintió un calor asentarse en su pecho, más profundo que la emoción de un simple cumplido. Su presentación no solo había sido un hito para ella, sino que también resonó con los demás. Se dio cuenta de que no solo había encontrado un nuevo respeto por sí misma, sino que tal vez había ayudado a otros, como Ethan, a ver la fuerza en ser auténticos.

Lina pensó para sí misma: "*Este viaje no se trataba de cambiar por nadie. Se trataba de aprender a honrar quién soy, y tal vez ayudar a otros a hacer lo mismo.*"

Este momento marcó su triunfo silencioso, su premio: el conocimiento de que al ser fiel a sí misma, había inspirado a sus compañeros a reflexionar sobre sus propios caminos hacia la autoaceptación.

Lecciones de "Desplegando Confianza"

El viaje de Lina nos recuerda que la verdadera confianza proviene de nuestro interior, no de conformarnos con las expectativas externas. Es fácil sentir la presión de cambiar quién eres para obtener aprobación o encajar en la idea de perfección de alguien más, pero la historia de Lina muestra el poder de aceptar tu auténtico yo.

Su lucha con la inseguridad, alimentada por comparaciones y el deseo de ser aceptada, es algo que muchos adolescentes enfrentan. El momento decisivo de Lina ocurre cuando se da cuenta de que su valor no está ligado a verse de cierta manera o a ser notada por los demás. En cambio, reside en reconocer el valor de sus cualidades únicas: su creatividad, su fuerza tranquila y su naturaleza genuina.

Esta historia también resalta la importancia de rodearte de personas que te apoyen. Amigos, mentores y aliados como Katie y la Sra. Foster nos recuerdan que no tenemos que enfrentar los desafíos solos. Ellos ayudan a Lina a ver que aceptarse a uno mismo no significa ser perfecto; significa celebrar las partes imperfectas y reales de uno mismo.

En última instancia, Lina aprende que la autenticidad no solo la fortalece, sino que también inspira a los demás. Al elegir mantenerse fiel a sí misma, abre el camino para que sus compañeros reflexionen sobre sus propias inseguridades y abracen su individualidad. Tú también puedes encontrar fuerza en ser tú misma, porque tu historia merece ser compartida tal y como es.

Historia 10 – "El Estilo Verdadero"

En su adolescencia temprana, Nadia vive en el ritmo familiar de la escuela, el tiempo con su pequeño grupo de amigas y su refugio creativo: la creación de joyería. En casa, su kit de joyería es su santuario, un lugar donde se pierde diseñando piezas que reflejan su personalidad. Cada pieza de joya parece una extensión de su mundo interior, y ella se imagina luciendo sus creaciones con orgullo.

Pero en la escuela, el mundo de Nadia se siente restrictivo. La mayoría de sus amigas gravitan hacia las últimas tendencias de moda: jeans ajustados, tops cortos y accesorios populares que están por todas partes en las redes sociales. Nadia siente que no puede lucir esos estilos con la misma facilidad. En cambio, opta por sudaderas holgadas y jeans, eligiendo la comodidad a costa de sentirse un poco... invisible.

"¿Por qué no puedo sentirme tan arreglada como ellas? Tal vez, si me viera más así, sentiría que encajo."

El lunes, cuando Nadia entra en la cafetería de la escuela, escucha la animada conversación entre sus amigas. Están emocionadas hablando sobre el próximo baile escolar: discuten lo que planean usar, cómo se peinarán y cómo el tema del baile está inspirando sus atuendos. Una de ellas saca su teléfono con entusiasmo, mostrando una foto del vestido brillante que ha elegido.

Emma: *"¡Nadia! ¿Ya has pensado qué vas a ponerte? Siempre haces esos brazaletes y aretes increíbles. ¡Podrías crear algo único!"*

Nadia: *"Oh, um... No lo he pensado mucho todavía."*

Emma: *"¡Deberías lucirte! Todas vamos a vernos increíbles. ¡No te contengas!"*

Mientras las risas y las charlas llenan el aire, una mezcla de emociones revuelve a Nadia. Una parte de ella siente que este baile podría ser una oportunidad para expresarse, una invitación para mostrar la creatividad que normalmente mantiene oculta. Pero con esa emoción viene una preocupación familiar, un susurro de duda sobre si estará a la altura si se atreve a destacar.

Nadia piensa: *"¿Y si intento algo diferente y no se ve bien? O peor... ¿y si no encajo en absoluto? Tal vez sea mejor no arriesgarme."*

Más tarde esa noche, Nadia se encuentra sola en su habitación, el silencio trayendo de vuelta la emoción de sus amigas. Sus palabras de aliento permanecen, pero la inseguridad las ensombrece, nublando su entusiasmo. Se sienta en su escritorio, mirando los brazaletes y aretes que ha creado: piezas únicas de las que siempre ha estado orgullosa, pero que nunca se ha atrevido a usar en algo como un baile escolar. A su lado, un pequeño cuaderno de bocetos está abierto en un diseño que había dibujado antes: una falda colorida en capas combinada con una blusa que podría personalizar con sus accesorios favoritos.

Levanta la página y la estudia a la luz tenue, sintiendo una mezcla de anhelo y ansiedad.

Nadia piensa: "*¿Realmente soy lo suficientemente valiente como para usar esto? ¿Y si simplemente se ve... mal? O peor... ¿y si destaco de la manera equivocada?*"

Suspira, sus dedos trazando los bordes del boceto. La idea de usar algo audaz de repente se siente demasiado arriesgada, las reacciones imaginadas de los demás resonando en su mente. Con un suspiro pesado, Nadia dobla la página y la guarda en su cuaderno, fuera de la vista. Tal vez sea mejor jugar con algo seguro. Se decide por algo familiar, algo que no la haga destacar.

Cierra el cuaderno, alejándose de su creatividad, aunque sea por un momento, eligiendo la comodidad de mezclarse por encima del miedo a sobresalir.

Al día siguiente, la profesora de arte de Nadia, la Sra. Monroe, la detiene al final de la clase. La Sra. Monroe siempre ha sido alguien a quien Nadia admira: su estilo sin esfuerzo y su enfoque audaz y creativo de la vida la hacen destacar, no solo entre sus estudiantes, sino en cualquier lugar al que va. Ha notado la vacilación de Nadia recientemente y la anima con gentileza, a menudo elogiando su gusto único en accesorios hechos a mano.

Mientras el aula se vaciaba y un silencio cómodo se instalaba, la Sra. Monroe dejó a un lado su pincel y le dedicó a Nadia una sonrisa alentadora.

Sra. Monroe: "*Nadia, te he notado un poco más callada de lo normal. ¿Tienes algo en mente?*"

Nadia bajó la mirada, retorciendo uno de sus brazaletes. "*Es solo que... siento que, haga lo que haga, nunca encajo del todo. Es como si nunca tuviera el aspecto adecuado. A veces es más fácil simplemente esconderse.*"

La Sra. Monroe asintió pensativa. "*Sabes, yo solía sentirme igual,*" dijo con calidez en su voz. "*Pensaba que tenía que vestirme y actuar de cierta manera para que la gente me notara. Pero luego me di cuenta de que el estilo está destinado a mostrarle a la gente quién eres, no a imitar a nadie más.*"

Nadia sintió una mezcla de duda y una chispa de esperanza. "*Ella lo hace sonar tan fácil,*" pensó. "*Quizás tiene algo de razón... pero, ¿realmente podría lograrlo?*"

La Sra. Monroe le dio un suave empujón motivador. "*Nadia, la verdadera confianza viene cuando te sientes cómoda siendo tú misma. Empieza con algo pequeño que sientas auténtico para ti. Podrías sorprenderte con lo que sucede.*"

Nadia salió del aula con una sensación de posibilidad. Las palabras de la Sra. Monroe permanecieron con ella, y por primera vez, consideró cómo se sentiría usar algo que realmente reflejara su propio estilo, no el de nadie más.

La noche después de su conversación con la Sra. Monroe, Nadia sintió el impulso de hacer un cambio. Abrió su armario y escaneó su ropa, sus ojos se detuvieron en un pañuelo colorido que había hecho durante el verano. No era algo de moda ni algo que sus amigas elegirían, pero era suyo: su diseño, sus colores, su creación. Nadia lo sostuvo por un momento, escuchando las palabras de la Sra. Monroe resonar en su mente, recordándole que el verdadero estilo refleja quién eres.

A la mañana siguiente, Nadia estaba frente a su espejo, colocándose lentamente el pañuelo alrededor de los hombros, ajustándolo cuidadosamente. Se sentía atrevido, como una parte de sí misma que había ocultado durante demasiado tiempo. Su corazón se aceleró mientras imaginaba caminar por la escuela con algo tan diferente a lo que usaban sus amigas, pero se armó de valor.

"*Está bien,*" pensó. "*Es solo un pañuelo... pero es mío. Quizás esto sea un comienzo.*"

Con una última mirada al espejo, Nadia respiró hondo, levantó la barbilla y salió de su habitación, sintiendo una pequeña pero nueva chispa de confianza mientras se dirigía a la puerta.

Con su nuevo pañuelo, un intento pequeño pero significativo de expresarse, Nadia sintió un destello de confianza. Pero en la escuela, la respuesta no fue la que esperaba. Mientras caminaba por el abarrotado pasillo, notó miradas rápidas, algunos susurros, y se sorprendió cuestionándose si usar el pañuelo había sido la elección correcta.

Nadia se dirigió a su casillero, aferrándose a sus libros con más fuerza, cuando escuchó a una compañera de clase, Emily, riéndose con su amiga. Emily la miró, echándole un vistazo exagerado al pañuelo.

Emily: *"¿Nuevo estilo, Nadia? ¿Intentando, como, hacer una declaración o algo?"*

Nadia: *"Solo pensé en probar algo diferente."*
Emily: *"Bueno... diferente sí es"*. Emily sonrió burlonamente y se alejó, dejando a Nadia sintiéndose más expuesta de lo que esperaba.

Justo en ese momento, su amiga Ava dio un paso adelante, captando la mirada de Nadia con una sonrisa gentil.

Ava: *"Oye, me encanta el pañuelo. Es muy... tú."*

Nadia: *"Gracias, Ava. Es solo que... a veces, intentar ser 'yo misma' se siente como lo más difícil."*

En este momento, Nadia enfrenta su primera prueba real, confrontada con el juicio de otros. Pero el apoyo de Ava le recuerda que no todos ven su estilo único como "demasiado diferente". Aunque su confianza tambalea, ese aliento silencioso le ayuda a sentir que no está completamente sola.

Mientras Nadia observa a Emily alejarse, un pensamiento le cruza por la mente: *"¿Por qué ser yo misma tiene que sentirse tan difícil? Tal vez si pudiera simplemente mezclarme como Emily, las cosas serían más fáciles. Pero... ¿eso es realmente lo que quiero?"*

Esta pequeña prueba obliga a Nadia a preguntarse qué es lo que realmente importa: encajar o expresar quién es en realidad. Y comienza a darse cuenta de que, tal vez, sobresalir vale la pena.

Más tarde esa semana, Nadia se encuentra en casa de una amiga para una pequeña reunión. Dudó en ir, preguntándose si su estilo llamaría demasiado la atención, pero decidió unirse de todos modos. Al entrar en la sala de estar, nota a Jason conversando tranquilamente con algunos amigos cerca de la ventana. El corazón de Nadia se hunde mientras observa lo fácilmente que sus amigos parecen encarnar las tendencias de las que ella se siente excluida: pulcros, a la moda y seguros de sí mismos.

Nadia se queda junto a la puerta, ajustando el pañuelo que eligió usar, una pieza que una vez la llenó de orgullo. Pero ahora, en este entorno, rodeada de personas que parecen encajar perfectamente en lo que es "esperado", su pañuelo de repente se siente como un reflector, un emblema de lo fuera de lugar que se siente. Observa a Emily, vestida con las últimas tendencias, hablando con Jason con una confianza que parece iluminar la habitación. Nadia respira hondo, de repente insegura de sí misma y preguntándose si siquiera pertenece allí.

Mientras Nadia se queda de pie, un pensamiento cruza su mente: *"Tal vez nunca seré el tipo de chica que encaja sin esfuerzo. ¿Por qué tengo que sentirme tan diferente? Cuanto más intento ser yo misma, más siento que no pertenezco."*

En este momento tenso, Nadia siente intensificarse la presión de conformarse. Está al borde de una decisión, tentada a abandonar su estilo en favor de mezclarse, dudando de si mantenerse fiel a sí misma vale la pena sentir que está al margen.

Más tarde esa noche, mientras Nadia se prepara para asistir a una reunión familiar, su mamá la anima a vestirse cómoda, recordándole que no necesita impresionar a nadie. Sin embargo, con los nervios de ser comparada con su prima amante de la moda, Maya, Nadia duda. Su primer instinto es usar algo moderno y seguro, como los estilos que sus amigas suelen elegir.

Pero tras una pausa, decide abrazar su individualidad, eligiendo un atuendo que una vez dibujó en su cuaderno: un vestido fluido combinado con su cárdigan favorito y su característico pañuelo.

Nadia entra a la casa de su tía, sintiendo una mezcla de orgullo y vulnerabilidad con su atuendo único. Sus ojos recorren la habitación hasta que ve a Maya y a sus primas cerca de la mesa de bocadillos. Maya, impecablemente vestida y rodeada de cumplidos, la mira de reojo, y Nadia percibe una leve sonrisa burlona.

Maya: *"Bueno, Nadia, veo que sigues experimentando. ¿Pañuelos, eh? No sabía que estaban de moda otra vez."*

El estómago de Nadia se contrae, y sus dedos instintivamente alcanzan el pañuelo. El peso de las palabras de Maya cala hondo, y la urgencia de conformarse pone a prueba su determinación.

Nadia mira su reflejo en una ventana cercana. *"¿Por qué su opinión me afecta tanto? Elegí esto porque me encanta. ¿Por qué debería necesitar la aprobación de Maya para sentirme como yo misma?"*

Tomando un respiro lento y tranquilizador, Nadia endereza los hombros y deja caer la mano del pañuelo, eligiendo no esconderse. Atrapa la orgullosa sonrisa de su mamá desde el otro lado de la habitación, un recordatorio tácito de su viaje hacia la autoexpresión.

En este momento, la confianza de Nadia es tanto desafiada como fortalecida, marcando un punto de inflexión en su compromiso de mantenerse fiel a sí misma. En lugar de sucumbir al juicio de Maya, encuentra fortaleza en su interior, dándose cuenta de que su autoestima no necesita validación de nadie más.

Habiendo mantenido su posición en la reunión familiar, Nadia se despierta a la mañana siguiente con una nueva sensación de libertad. Se siente más liviana, como si dejar atrás la necesidad de aprobación de otros le hubiera dado permiso para expresarse realmente.

Ese día, elige un atuendo que combina elementos de su propio estilo: unos llamativos pendientes que hizo ella misma, su pañuelo estampado favorito y una camisa que siempre le ha encantado, pero que le daba vergüenza usar. Con una respiración profunda y un creciente sentido de orgullo, Nadia se dirige a la escuela sintiéndose más como ella misma que nunca.

Durante el almuerzo, Nadia se acerca a la mesa de la cafetería, donde Ava y Sarah notan de inmediato su atuendo.

Ava: "*¡Nadia, te ves increíble! Ese pañuelo te queda perfecto...es totalmente tú.*"

Sarah: "*Sí, en serio. Siempre pensé que tenías los mejores accesorios, pero nunca los usabas. Verte llevar tu estilo con tanta confianza... es algo inspirador.*"

Nadia: "*Gracias, chicas. Creo que finalmente entendí que no tengo que seguir una tendencia o la idea de alguien más de lo que está 'de moda'. Es mucho más significativo usar lo que me hace sentir bien.*"

Mientras sus amigas admiran su estilo único, Nadia se da cuenta de que su autenticidad tiene un impacto positivo más allá de sí misma. Por primera vez, comprende que expresar su individualidad puede inspirar a otros a hacer lo mismo, y siente que su confianza irradia de una manera que no había esperado.

Al reflexionar sobre lo lejos que ha llegado, un pensamiento se asienta en su mente, claro y certero: "*Tal vez esto es lo que se siente la verdadera confianza: no encogerse ni cambiar por los demás, sino ser fiel a mí misma. Y tal vez, solo tal vez, este es exactamente el lugar al que pertenezco.*"

En este momento, Nadia abraza la recompensa de su viaje: un sentido de autoestima arraigado en sus propias elecciones y estilo, inspirando a otros a encontrar el mismo coraje. Con su renovada confianza e individualidad, Nadia ha estado abrazando su estilo único.

Una tarde, su maestra de inglés, la Sra. Roberts, anuncia un proyecto sobre autoexpresión e identidad, pidiendo a los estudiantes que creen algo que represente quiénes son. Al principio, Nadia duda: compartir su camino se siente vulnerable, y no está segura de si está lista para revelar una parte tan personal de sí misma a sus compañeros. Pero mientras lo piensa, se da cuenta de que este proyecto podría ser su oportunidad para adentrarse completamente en la persona que se ha convertido y celebrar el camino que ha tomado.

Esa noche, en su dormitorio, Nadia se sienta en su escritorio, con sus plumas y marcadores favoritos desplegados a su alrededor y su cuaderno de bocetos abierto. Comienza a delinear una pieza de arte que combina su amor por la moda con su viaje hacia la autoaceptación. La página lentamente se llena con bocetos de diferentes formas de cuerpos, estilos y colores, una celebración de la expresión personal y la diversidad.

Hace una pausa, mirando la obra de arte, sintiendo una oleada de orgullo y duda al mismo tiempo.

"¿De verdad estoy lista para mostrar esto a todos? Pero… tal vez esto es exactamente lo que necesito: apropiarme de mi historia y demostrar que estoy orgullosa de quien soy."

Con una respiración profunda, se recuesta, sintiendo cómo un sentido de propósito se solidifica dentro de ella. Decide titular su pieza 'Estilo Verdadero', una reflexión de su viaje y un tributo a todas las cosas que la hacen sentirse auténticamente ella misma.

Cuando finalmente llega el día en que Nadia debe presentar su proyecto, siente una mezcla de nervios y una tranquila emoción. De pie frente a su clase, sostiene su diseño, una mezcla de bocetos, colores y diseños que celebran la individualidad y el estilo único. Su corazón late rápidamente mientras explica el viaje que inspiró su obra, compartiendo su lucha con la imagen personal y cómo descubrió que la moda podía ser una expresión personal de identidad en lugar de un estándar al que debía ajustarse.

El aula queda en silencio mientras Nadia habla, su voz fortaleciéndose con cada palabra. Respira profundamente para estabilizarse, mirando su diseño y luego a sus compañeros. Habla sobre cómo aceptar su propio estilo la ayudó a sentirse más como ella misma.

Cuando termina, mira a su alrededor y nota a su amiga Ava sonriendo con orgullo. Incluso Emma, quien una vez la hizo cuestionarse a sí misma, parece inesperadamente pensativa.

Lily: *"Nadia, eso fue increíble. Nunca pensé en el estilo como una forma de mostrar quién eres. Solo pensaba que se trataba de seguir las tendencias."*

Samira: *"Es inspirador. Me hiciste pensar en por qué gasto tanta energía preocupándome por lo que todos piensan. Me encanta cómo haces de la moda algo completamente tuyo."*

Mientras Nadia escucha las reacciones de sus compañeros, un cálido sentimiento se agita dentro de ella—una mezcla de orgullo y alivio. *"Quizás hice más que solo compartir mi proyecto. Tal vez... les ayudé a ver que está bien ser ellos mismos también."*

Sus temores iniciales desaparecen, reemplazados por un profundo sentido de conexión y satisfacción. Compartir su historia ha inspirado a otros a reflexionar sobre su propia autoexpresión, y Nadia se da cuenta de que su viaje podría estar animando a otras a aceptar sus propios estilos únicos.

Después de su presentación, Nadia siente un cambio silencioso pero profundo dentro de sí misma. El peso de buscar la aprobación de los demás se siente más liviano, reemplazado por una confianza firme nacida de aceptarse.

Durante el almuerzo, Nadia y Ava están riéndose de algo trivial cuando Jonah se acerca, luciendo un poco cohibido pero genuinamente interesado.

Jonah: *"Hola, Nadia."* comienza, algo tímido. *"Quería decirte que pensé que tu proyecto fue realmente inspirador. Me... me hizo pensar en cuánto intento encajar, incluso si no se siente bien a veces. Mostraste algo realmente diferente."*

Nadia siente una calidez extenderse por todo su cuerpo, las palabras de Jonah calando hondo.

Nadia: *"Gracias, Jonah."* dice, sonriendo. *"Creo que finalmente me di cuenta de que es mucho más gratificante ser tú mismo que encajar solo para buscar la aprobación de alguien más."*

Jonah asiente, claramente impresionado, y regresa a su mesa, dejando a Nadia con un sentido de validación que no esperaba—no por encajar, sino por mantenerse firme en quién es.

Mientras Nadia observa a sus amigos charlando y riendo, reflexiona con un orgullo silencioso, *"Este viaje nunca se trató de cambiar por nadie más. Se trató de descubrir que soy más feliz cuando soy fiel a mí misma. Y tal vez, solo tal vez, eso también ha ayudado a otros a verse a sí mismos de manera diferente."*

Nadia regresa de su almuerzo con un renovado sentido de conexión—no solo con sus amigos, sino también con su propio sentido de identidad. Se da cuenta de que esta experiencia le trajo algo invaluable: respeto por sí misma, una confianza interna y la comprensión de que su valor nunca está definido por ajustarse a los estándares de los demás, sino por los suyos propios.

Lecciones de "El Estilo Verdadero"

La historia de Nadia te muestra que el verdadero estilo no se trata de seguir tendencias ni de encajar en el molde de alguien más; se trata de expresar quién eres y sentirte orgulloso de ello. Es fácil caer en la trampa de preocuparse por lo que piensen los demás, pero al igual que Nadia, puedes descubrir el poder de abrazar tu propia creatividad y a ti como una persona única.

Cuando te sientas inseguro sobre destacar, recuerda que dar pequeños pasos, como usar algo significativo o compartir tus pasiones, puede ayudarte a construir confianza. Aunque otros no siempre entiendan tus elecciones, lo que más importa es que te mantengas fiel a ti misma.

La transformación de Nadia también te recuerda que la resiliencia es clave cuando enfrentas juicios o dudas sobre ti misma. Tener personas a tu lado, como Ava y la Sra. Monroe, puede marcar una gran diferencia, pero la validación más fuerte viene desde dentro. Cuando te concentras en lo que te hace feliz y cómoda, te das cuenta de que no necesitas la aprobación de nadie más para sentirte bien contigo misma.

Finalmente, compartir tu historia, como hace Nadia con su proyecto artístico, puede inspirar a otros a ver la belleza de ser ellas mismas. Al mantenerte fiel a quién eres, no solo encuentras tu propia confianza, sino que también demuestras al mundo que la individualidad es algo que merece ser celebrado.

Historia 11 – "El Elixir"

La vida de Devon funciona como un reloj, cada momento dedicado a preservar su impecable reputación. Cada mañana, su alarma suena suavemente, marcando el inicio de otro día meticulosamente planeado. Su habitación refleja su disciplina: un escritorio impecable, carpetas etiquetadas con precisión y un tablero de corcho lleno de notas adhesivas codificadas por colores. Para sus maestros, ella es el estándar de oro: puntual, impecable, siempre preparada. Para sus compañeros, es la persona para superar, aunque pocos siquiera lo intentan.

En la escuela, es conocida por sus calificaciones perfectas y su comportamiento intachable, una 'estudiante modelo' en todos los sentidos. Se alimenta de los elogios, pero bajo su exterior impecable hay una tensión latente: un miedo constante a que un solo error pueda romper la imagen que ha trabajado tan duro por construir.

Devon se sienta en su escritorio, su lápiz moviéndose rápidamente sobre la página mientras resuelve una serie de problemas matemáticos desafiantes. Su agenda, marcada con casillas cuidadosamente marcadas, está a su lado. Es apenas media mañana, y ya ha completado sus tareas del día. Frente a ella, una prueba con un llamativo '100%' en azul descansa sobre sus folderes.

"Otro 10. Eso está bien… pero, ¿y la próxima? ¿Y si no lo hago bien la próxima vez? ¿Seguirán pensando que soy la mejor? ¿Lo pensaré yo?"

El pensamiento envía una ola de inquietud a través de ella. A pesar del éxito exterior, hay un vacío creciente, una duda persistente que ningún puntaje perfecto parece llenar. Los logros de Devon, que antes eran motivo de orgullo, ahora se sienten como lo mínimo que debe mantener para sostener su autoestima.

A la mañana siguiente, en la escuela, Devon entra a la clase de inglés, con su asiento habitual junto a la ventana esperándola. El murmullo de sus compañeros de clase se mezcla con el leve sonido de sillas arrastrándose contra el piso. Saca su cuaderno, cuyas páginas impecables reflejan su necesidad de orden.

El típico ritmo de la clase de inglés da un giro inesperado cuando la Sra. Harper se para frente al aula, con su cálida sonrisa indicando algo nuevo. Golpea suavemente un montón de papeles sobre su escritorio.

"Hoy comenzaremos un proyecto un poco diferente" comienza, con una voz que transmite autoridad y cercanía. *"Quiero que cada uno de ustedes escriba una reflexión personal sobre un momento en el que enfrentaron un fracaso y lo que aprendieron de ello."*

Una ola de murmullos recorre el aula mientras los estudiantes intercambian miradas incómodas. Devon permanece rígida en su asiento, su bolígrafo suspendido sobre su cuaderno. ¿Fracaso? Solo la palabra le hace un nudo en el estómago.

El tono de la Sra. Harper sigue siendo alentador mientras continúa:

"Esto no se trata de escribir una historia perfecta. Se trata de honestidad y crecimiento. A veces, nuestras mayores lecciones vienen de nuestros errores."

El bolígrafo de Devon se mueve automáticamente, anotando los detalles de la tarea, pero su mente ya está en espiral. Siente el peso de la palabra 'fracaso' como una piedra en su pecho. Su imagen cuidadosamente mantenida no tiene espacio para errores, y mucho menos para compartirlos con otros.

"¿Honesta? ¿Sobre el fracaso? ¿Pero qué fracaso?" siente cómo su pulso se acelera. *"He pasado toda mi vida evitando errores. ¿Cómo voy a escribir sobre algo que me he esforzado tanto en prevenir?"*

Como si pudiera percibir la incomodidad de la clase, la Sra. Harper añade: *"Recuerden, este es un espacio seguro. El objetivo es explorar cómo los desafíos nos ayudan a crecer."*

Devon asiente con esfuerzo, pero su mente sigue en un torbellino. Para ella, la idea de compartir un fracaso personal parece imposible, casi peligroso. Sin embargo, la tarea no es opcional; es un desafío que no puede evitar. Es la primera grieta en el muro que ha construido a su alrededor, y en el fondo, sabe que es solo el comienzo.

Esa tarde, Devon se refugia en su habitación, decidida a enfrentarse al ensayo. Su computadora portátil emite un tenue brillo sobre el ordenado espacio de su escritorio. Abre un documento en blanco y apoya las manos en el teclado. Pero mientras el cursor parpadea, sus pensamientos se enredan, llenos de dudas y miedos.

El silencio en la casa parece ensordecedor, amplificando la batalla interna que libra dentro de sí misma. Devon escribe una frase, se detiene y rápidamente la borra. Lo intenta de nuevo, pero cada palabra le parece demasiado cruda, demasiado reveladora.

La organización normalmente reconfortante de su habitación no le ofrece consuelo. Pilas de carpetas codificadas por colores permanecen intactas, un testimonio de su mundo meticulosamente controlado. Pero esta tarea está más allá de su control. Su mente da vueltas.

"¿Y si este ensayo lo arruina todo?" Su corazón late más rápido ante la idea. *"¿Y si la gente me ve de manera diferente, como si fuera débil?"* La idea le revuelve el estómago. *"Tal vez podría escribir sobre ese cuestionario en el que perdí un par de puntos. No es un fracaso real, pero es seguro... seguro e inexacto."*

El cursor sigue parpadeando, silencioso e implacable, mientras Devon se recuesta en su silla, abrumada. El peso de las expectativas la aplasta, y por un momento, considera cerrar la computadora por completo. Compartir un fracaso real se siente como entrar en un foco de atención que ha evitado toda su vida.

Su miedo no se trata solo de la tarea; es sobre lo que representa. Por primera vez, a Devon se le pide que revele una parte de sí misma que ha mantenido oculta, incluso de sus amigos más cercanos. Pero la vulnerabilidad se siente como un riesgo que no está lista para tomar, y la perfeccionista dentro de ella grita por encontrar otra salida.

Al día siguiente, el ritmo habitual de las clases se siente más pesado para Devon. Mientras los estudiantes recogen sus cosas al sonar la campana, la mirada de la Sra. Harper se detiene en ella.

"*Devon, ¿podrías quedarte un momento?*" pregunta la Sra. Harper con suavidad, su tono es más una invitación que una orden.

Devon duda, pero asiente. Una vez que el aula se vacía, se instala un inusual silencio. La Sra. Harper se apoya en su escritorio, con una postura relajada pero atenta, como si indicara que esta no es una conversación típica entre profesora y estudiante.

Devon se sienta, con las manos fuertemente entrelazadas en su regazo. Los vibrantes carteles que decoran las paredes del aula, que normalmente le parecen motivadores, ahora parecen cerrarse a su alrededor.

La Sra. Harper le sonríe de manera tranquilizadora. "*Últimamente te he notado un poco distraída. ¿Todo está bien?*"

La voz de Devon vacila. "*Es solo… este proyecto. No sé cómo escribir sobre el fracaso cuando he pasado toda mi vida intentando evitarlo.*"

La Sra. Harper asiente, con una expresión reflexiva. "*Lo entiendo. Pero, ¿sabes? El crecimiento no viene de hacerlo todo bien siempre. Viene de permitirte tropezar y encontrar el camino de regreso.*"

Devon baja la mirada. *"¿Y si la gente piensa menos de mí? Se supone que soy la que nunca comete errores."*

La voz de la Sra. Harper se suaviza. "Devon, la verdadera fortaleza no se trata de nunca caer, sino de aprender a levantarte después. Déjame contarte algo: una vez arruiné por completo una gran presentación al principio de mi carrera como profesora. Me sentí mortificada. Pero ese fracaso me enseñó resiliencia y empatía, cosas que hoy me hacen una mejor docente.

Devon no podía evitar preguntarse: *"Ella hace que suene como si el fracaso pudiera realmente llevar a algo bueno. ¿Pero podría ser cierto para mí?"*

La vulnerabilidad de la Sra. Harper siembra una semilla de esperanza en Devon. Por primera vez, considera la posibilidad de que la imperfección no disminuya su valor, sino que tal vez la haga más fuerte. Aunque la incertidumbre aún nubla sus pensamientos, una chispa de valentía comienza a arraigarse.

A la noche siguiente, Devon se sienta en su escritorio, con el resplandor de la computadora iluminando su expresión decidida. Las palabras de la Sra. Harper resuenan en su mente. Comienza a escribir sobre un momento oculto: aquella vez en que entregó una tarea tarde bajo una intensa presión. El recuerdo duele, pero con cada palabra, siente un creciente sentido de liberación.

Devon se recuesta en su silla, sus ojos recorriendo el borrador que acaba de terminar. La habitación está en silencio, excepto por el suave zumbido de su computadora portátil. Por un momento, siente el peso de su propia honestidad. No es perfecto, pero es real. Guarda el documento y cierra la computadora con cuidado, mientras una mezcla de alivio y nerviosismo se apodera de ella.

Cerró su computadora lentamente, con su mente girando en una claridad inesperada. *"Esto no es tan aterrador como pensé"*, se dio cuenta. *"Quizás dejar que la gente vea que no soy perfecta no me hace débil. Quizás me hace real."*

El acto de escribir su historia marca un punto de inflexión. Devon ha cruzado hacia un territorio desconocido, enfrentándose cara a cara con su miedo a la imperfección. Aunque su viaje apenas comienza, esta pequeña victoria alimenta un creciente sentido de valentía.

El mundo de Devon comienza a tambalearse mientras enfrenta la realidad de su perfeccionismo. Aunque intenta mantener su exterior sereno, las grietas empiezan a notarse. Su meticulosamente gestionado horario se siente más pesado, su confianza habitual tambaleándose. El primer desafío verdadero llega en forma de un 89 en su último examen de matemáticas: una calificación que, para la mayoría, sería encomiable. Pero para Devon, es un fracaso evidente.

Devon entra en su próxima clase, sujetando el papel como si pudiera desmoronarse entre sus manos. El imponente "89" en rojo la mira de vuelta, burlándose de su estándar habitual de excelencia. Se sienta en su asiento, con el corazón acelerado.

Al otro lado de la mesa, su amiga Harper echa un vistazo y nota la calificación.

Harper: *"¿Un 89? ¡Eso es increíble, Devon! Yo celebraría si sacara eso."*

Devon fuerza una débil sonrisa, su voz ligera pero vacía. Devon: *"Sí... está bien."*

Por dentro, sin embargo, sus pensamientos se desbordan. *"¿Bien? No, no está bien. Debería haberlo hecho mejor. ¿Y si la gente piensa que estoy fallando? ¿Y si ya no soy lo suficientemente buena?"*

Mientras la clase continúa, los susurros de los estudiantes cercanos llegan a sus oídos.

Chloe: *"¿Devon no sacó menos de 90 esta vez? Eso es algo nuevo."*
Rachel: *"Supongo que hasta ella puede equivocarse."*

Los comentarios duelen más de lo que Devon quiere admitir. Cada palabra se siente como una confirmación de sus peores temores. Las palabras tranquilizadoras de Harper la habían calmado brevemente, pero ahora parecen ahogarse bajo sus propias dudas y el peso de las expectativas.

La mirada de Devon cae sobre su examen mientras un nudo se aprieta en su pecho. "*¡Todos lo están notando!*", piensa, sintiendo el peso de sus susurros presionándola. "*He trabajado tan duro para mantenerme en la cima, y ahora, con un solo error, parece que están listos para verme caer. Si no puedo ser perfecta, ¿qué queda?*"

A pesar del continuo apoyo de Harper, Devon comienza a aislarse, refugiándose cada vez más en sus pensamientos. Cada interacción se convierte en una prueba, y cada mirada de sus compañeros de clase se siente como un juicio silencioso. Su lucha interna se intensifica, pero tiene demasiado miedo de permitir que alguien vea el verdadero alcance de su temor.

La presión aumenta a medida que se acerca la fecha de la competencia de debates. No es solo otro evento; es el tipo de escenario en el que se espera que Devon sobresalga, que demuestre una vez más que pertenece a la cima. Pero bajo su exterior ensayado, la duda la carcome.

La habitación de Devon, antes impecablemente ordenada, ahora lleva las marcas de su incansable esfuerzo. Notas de debate y tarjetas de estudio están esparcidas por su escritorio y su cama. El suave zumbido de su lámpara de escritorio proyecta sombras largas, acentuando las ojeras bajo sus ojos. Camina de un lado a otro por la habitación, sosteniendo sus tarjetas, con la voz tensa mientras ensaya sus argumentos iniciales.

Sus palabras titubean, y se deja caer sobre su cama. El peso del agotamiento la oprime, más pesado que su miedo al fracaso. Mira el espejo al otro lado de la habitación, captando su reflejo: ojos apagados, hombros encorvados. La imagen se siente desconocida, como si estuviera viendo a una extraña cargando el peso de la perfección.

Los dedos de Devon se aferran al borde de una tarjeta de estudio. "*Si no hago esto perfecto, ¿cuál es el punto?*" El pensamiento surge, no invitado, afilado como el borde del papel bajo sus dedos. "*Verán que no soy tan capaz como creen. He estado sosteniéndolo todo con hilos, y ahora todo se está desmoronando."*

Lleva las rodillas hacia su pecho, sus ojos moviéndose entre el desorden de materiales de preparación y el resplandor de su teléfono en la mesita de noche. Una docena de mensajes sin responder de sus amigos permanecen sin abrir. Devon siente el tirón del aislamiento mientras su mundo se reduce a este único objetivo: la perfección.

Pero un susurro de fatiga se abre paso entre su tormenta de pensamientos. *"Estoy tan cansada. ¿Cuánto más puedo seguir así?"* Es una admisión silenciosa, una que rara vez se permite escuchar, pero esta noche permanece, exigiendo su atención.

Su mirada vuelve a las tarjetas de estudio, pero por una vez, sus manos permanecen quietas.

El día de la competencia de debates llega, y con él, el aplastante peso del perfeccionismo de Devon. El auditorio vibra con expectación mientras ella se dirige al podio, sus cuidadosamente preparadas notas apretadas en una mano. Toma una respiración profunda, escaneando las filas de rostros expectantes. Este es su momento, por el que ha trabajado incansablemente, pero bajo la superficie, la duda hierve.

Devon comienza su argumento, su voz firme al principio. Los puntos fluyen sin problemas, y por un momento, siente que tiene el control. Pero luego, tropieza: un dato clave se escapa de su mente. Sus palabras titubean, y la sala parece encogerse, el silencio presionándola.

Su corazón late con fuerza en sus oídos mientras se aferra al borde del podio, esforzándose por seguir adelante. *"Vamos, Devon, sigue adelante."* Toma una respiración profunda para estabilizarse, obligando a su voz a recuperar la calma mientras reajusta su argumento. Sus ojos escanean brevemente la mesa de jueces; sus expresiones permanecen neutrales, indescifrables. Los murmullos de la audiencia desaparecen mientras se concentra en terminar con fuerza.

Devon recupera su ritmo, sus palabras fluyen con una claridad renovada. Teje una refutación convincente, sus puntos finales impactando con precisión. Para cuando se aleja del podio, una ligera ovación surge de la audiencia. En la superficie, ha mantenido su exterior tranquilo, pero por dentro, el tropiezo se aferra a ella, una falla evidente que ensombrece el resto de su desempeño.

Mientras camina tras bastidores, fragmentos del debate se reproducen en su mente, cada momento destacado acompañado por la sombra de su error. Es como si ese único tropiezo definiera toda la presentación. *"¿Por qué no pude hacerlo perfecto?"*

Entre bastidores, la adrenalina se desvanece, dejándola emocionalmente expuesta. Devon se hunde en un banco, con las manos temblorosas. Las voces del auditorio se convierten en un murmullo sordo mientras las lágrimas amenazan con brotar.

Harper aparece, sus pasos suaves pero decididos. Se sienta junto a Devon, ofreciéndole una botella de agua y una amable sonrisa.

Harper: *"Estuviste increíble allá arriba. En serio, Devon. Nadie notó esa pequeña pausa."*

Devon: *"Pero yo sí. No fue perfecto, Harper. Pensarán que estoy perdiendo el toque."*

Harper: *"Mira, los errores le pasan a todos. Lo que importa es cómo los manejas, y tú lo manejaste como una verdadera genial."*

Devon baja la mirada, con la mente en un torbellino. Las palabras de Harper son reconfortantes, pero la voz insistente en su cabeza se niega a callar.

"¿Por qué no puedo dejarlo ir?" piensa. *"Es como si cada error confirmara mis peores temores."* Sin embargo, al reflexionar sobre las palabras de Harper, surge otro pensamiento: *"Terminé. No me rendí."*

Por primera vez, comienza a considerar que la resiliencia podría ser más importante que la perfección.

Aunque no gana el primer lugar en la competencia de debates, el corazón de Devon da un vuelco cuando los jueces anuncian un reconocimiento especial: el premio a la 'Mejor Resiliencia'. Un murmullo de sorpresa recorre la audiencia, pero Devon se siente paralizada. ¿Resiliencia? La palabra le resulta extraña, pero despierta algo dentro de ella. Al escuchar su nombre, lentamente, se levanta de su asiento, sus piernas sintiéndose inestables, pero su corazón comenzando a hincharse de orgullo.

El reflector sigue a Devon mientras camina hacia el escenario, con las mejillas enrojecidas por una mezcla de orgullo e incredulidad. El juez principal le entrega el certificado, sonriendo cálidamente.

Juez: *"Devon, tu habilidad para mantener la compostura bajo presión hoy fue notable. No se trata de nunca cometer errores, sino de cómo te recuperas y aprendes de ellos."*

La audiencia le brinda un aplauso. Devon respira hondo, mirando al mar de rostros.

Devon: *"Gracias. Significa mucho para mí."*

Mientras baja del escenario, el peso de las expectativas que ella misma se había impuesto comienza a disiparse.

Al día siguiente, Devon camina por los pasillos de la escuela con una confianza tranquila. Nota algunas miradas, pero ya no siente que la definan. Harper se le une, caminando a su lado.

Harper: *"¿Ves? Te lo dije: eres más fuerte de lo que crees."*

Caminan en un cómodo silencio por un momento.

Devon: *"Supongo que siempre pensé que tenía que ser perfecta para que la gente me respetara. Pero tal vez... se trata más de seguir adelante, incluso cuando las cosas no salen como planeas."*

Mientras observa a sus compañeros, Devon siente que algo cambia dentro de ella.

"He estado persiguiendo la meta equivocada. No se trata de ser impecable, sino de tener el valor de seguir adelante, incluso cuando es difícil."

Endereza los hombros, sabiendo que ahora lleva algo mucho más valioso que una calificación perfecta: la aceptación de sí misma y una resiliencia recién descubierta que ningún trofeo ni puntuación podrían definir.

En los días posteriores al debate, Devon nota un cambio sutil pero profundo en sí misma. Aunque no ganó el primer lugar, el premio a la resiliencia y las amables palabras de los jueces y sus compañeros dejaron una impresión duradera. Por primera vez, siente que el peso de su perfeccionismo comienza a aligerarse. Sin embargo, justo cuando empieza a abrazar este cambio, surge un nuevo desafío.

En la clase de inglés, la Sra. Carter se sitúa al frente, su voz tranquila pero firme al anunciar el próximo proyecto.

Sra. Carter: *"Su próxima tarea es un ensayo reflexivo titulado 'Una lección de mi mayor error'. Esta es una oportunidad para explorar un momento en que las cosas no salieron como esperaban y lo que aprendieron de ello."*

La clase murmura, intercambiando miradas. Devon se congela en su asiento, su mente corriendo a toda velocidad.

Esa misma noche, se sienta en su escritorio, mirando un documento en blanco en su computadora portátil. Sus dedos flotan sobre el teclado, dudosos al escribir. Un tema más seguro—un error menor por el que nadie la juzgaría, la tienta. Pero las palabras del Sr. Blake durante el debate resuenan en su mente: *"El crecimiento viene de abrazar lo que nos desafía."*

Devon se recuesta, con la mirada perdida en el techo. *"Si soy honesta, esto podría cambiar cómo la gente me ve. Pero tal vez... eso no sea tan malo. Tal vez sea hora de que sepan que no soy perfecta, y que está bien."*

Con una respiración firme, comienza a escribir. Las palabras fluyen mientras relata su experiencia en el debate, el momento en que titubeó y la fortaleza que necesitó para continuar. Escribe sobre cómo ese tropiezo le enseñó que la resiliencia importa más que la ejecución perfecta, que el verdadero coraje se encuentra en la recuperación.

A medida que escribe, Devon siente una inesperada sensación de liberación. Cada frase se siente como despojarse de una vieja capa de sí misma, una construida sobre expectativas rígidas y miedo al juicio. Este ensayo no es solo una tarea; es una declaración de su nueva comprensión: su valor no está ligado a la perfección, sino a su autenticidad y crecimiento.

El día de las presentaciones de los ensayos llega, y las manos de Devon tiemblan ligeramente mientras sujeta su hoja. El peso familiar de la ansiedad la presiona, pero se estabiliza con una respiración profunda. Observa a sus compañeros tomar sus turnos, su pulso acelerándose cuando finalmente llaman su nombre. Con una tranquila determinación, se levanta y camina hacia el frente del salón.

El aula vibra con anticipación mientras Devon se posiciona detrás del atril. Su voz comienza suave pero se vuelve más firme a medida que empieza a leer. Comparte la presión asfixiante de ser etiquetada como la 'estudiante perfecta', el agotamiento que siguió y el miedo de perderse a sí misma en el proceso.

Su voz vacila momentáneamente al llegar a la parte sobre el debate, el tropiezo, el pánico, el peso de la duda. Pero sigue adelante, sus palabras cargadas de una convicción recién descubierta.

Devon: *"...y fue entonces cuando me di cuenta de que no se trataba de nunca cometer errores. Se trataba de cómo elegí avanzar a pesar de ellos."*

Hace una pausa, escaneando la sala. El silencio es pesado, pero no de juicio. Es de comprensión.

Anna, sentada cerca del frente, rompe el silencio con una amable sonrisa.

Anna: *"Devon, no tenía idea de que te sintieras así. Es muy valiente de tu parte compartirlo."*

Desde el otro lado del aula, Jacob asiente en señal de acuerdo.

Jacob: *"Honestamente, lo mismo aquí. He estado tratando de mantener esta imagen perfecta, pero es agotador. Escucharte hablar de ello... ayuda."*

Los hombros de Devon se relajan mientras una calidez se extiende por ella. Mira hacia Harper, quien le da un entusiasta pulgar arriba. Incluso Emily, usualmente compuesta y distante, ofrece un pequeño y reflexivo asentimiento.

Mientras Devon regresa a su asiento, sus pensamientos giran en su mente. *"Tal vez he estado viendo todo esto de manera equivocada. No tengo que cargar con esto sola; los demás entienden más de lo que imaginaba."*

Por primera vez, Devon se siente más ligera, como si la armadura que ha llevado durante tanto tiempo finalmente comenzara a agrietarse, dejando entrar la luz. Compartir su verdad no la ha disminuido a los ojos de nadie; por el contrario, ha fortalecido su conexión con quienes la rodean.

Este momento marca un punto de inflexión, no solo en cómo Devon se ve a sí misma, sino en cómo navega por el mundo, abrazando la vulnerabilidad como una fuente de verdadera fortaleza.

Más tarde ese día, durante el almuerzo, Devon se sienta con Harper y Jacob, rodeados por el bullicio del comedor. La conversación fluye con facilidad, en un marcado contraste con la tensión que antes sentía al intentar mantener su imagen de 'perfecta'. Hoy hablan de sus propias experiencias con la presión académica, compartiendo estrategias para manejar el estrés y encontrar equilibrio.

Harper: *"Honestamente, he empezado a usar un temporizador cuando estudio. Cuando suena, me obligo a tomar un descanso. Eso me ayuda a mantenerme cuerda."*

Jacob: *"A mí me pasa igual. Dejé de estudiar hasta la medianoche. Resulta que dormir realmente funciona."*

Devon se ríe, dándose cuenta de que no está sola en estas luchas.

Devon: *"Yo también estoy tratando de establecer límites. Es un trabajo en progreso, pero ahí voy."*

Mientras las risas se desvanecen, el Sr. Blake pasa junto a su mesa, deteniéndose cuando ve a Devon. Su expresión es cálida y orgullosa.

Sr. Blake: *"Devon, escuché sobre tu presentación esta mañana. Ese es el tipo de valentía que genera un cambio real."*

Devon siente un oleaje de orgullo.

Devon: *"Gracias, Sr. Blake. He aprendido que no se trata de ser perfecta, sino de ser real."*

El Sr. Blake asiente, satisfecho. *"Exactamente. Sigue liderando con el ejemplo."*

Mientras el Sr. Blake se aleja, Devon mira a sus amigos. Se siente más ligera, más en paz de lo que ha estado en meses. Un pensamiento toma forma, claro y afirmativo. *"Este viaje no se trataba de demostrar mi valor a través de calificaciones perfectas. Se trataba de aprender a valorarme con todo e imperfecciones y de mostrarles a los demás que ellos también pueden hacerlo."*

Ahora, Devon lleva consigo el "elixir" de la autocompasión y el equilibrio. Es un regalo que está decidida a cuidar, no solo para ella, sino para quienes la rodean. Sabe que su historia no termina aquí; es un comienzo, una base para una vida construida sobre la autenticidad y la resiliencia.

Con sus amigos a su lado y las palabras de su mentor resonando en su corazón, Devon sonríe. Ya no está definida por estándares inalcanzables. Está floreciendo como su yo más honesto e imperfecto.

Lecciones de "El Elixir"

No necesitas ser perfecta para ser valiosa, fuerte o admirada. La historia de Devon te recuerda que la verdadera fortaleza no consiste en evitar errores, sino en cómo te levantas después de cometerlos. Todos tropezamos, pero es en esos momentos de vulnerabilidad donde descubres tu verdadero coraje. Está bien admitir cuando las cosas no salen como planeaste—es parte de ser humano.

Dejar atrás el perfeccionismo no significa renunciar a tus ambiciones; significa darte permiso para crecer y aprender sin el miedo al juicio. Cuando Devon aceptó sus tropiezos, no solo encontró aceptación personal, sino también conexiones más profundas con quienes la rodeaban. Lo mismo puede ser cierto para ti, compartir tus luchas puede inspirar a otros y recordarte que no estás solo.

Esta historia también te enseña el valor de la resiliencia. La vida no se trata de hacerlo todo bien, sino de seguir adelante incluso cuando las cosas se sienten inciertas. Si dejas de vincular tu autoestima a resultados perfectos, encontrarás más alegría, equilibrio y autenticidad en todo lo que hagas.

Recuerda, tu valor no se define por la perfección. Está en tu disposición a intentarlo, aprender y seguir adelante sin importar que pase.

Para Llevar Contigo

Al cerrar este libro, tómate un momento para reflexionar sobre las historias que acabas de leer. Cada personaje, con sus luchas y triunfos únicos, ha recorrido un camino de crecimiento que puede sentirse familiar al tuyo. Ya sea enfrentando el perfeccionismo, la duda o la presión para encajar, sus historias comparten una verdad común: la fortaleza no se encuentra al perseguir un ideal, sino al aceptar quién eres, con todas tus imperfecciones.

Las Lecciones Que Hemos Aprendido

A través de sus aventuras, estos personajes nos han mostrado que los desafíos de la vida no son obstáculos, sino escalones. Aquí hay algunas verdades que puedes llevar contigo:

- **Los errores son parte del camino:** Devon, Aria y los demás aprendieron que los contratiempos no definen su valor. Ya sea un tropiezo en un debate o la lucha por encajar, cada desafío es una oportunidad para crecer. Cuando enfrentes tus propios errores, recuerda: son lecciones disfrazadas.
- **El valor propio viene desde adentro:** En un mundo que a menudo mide el éxito por logros o apariencias, es fácil perder de vista lo que realmente importa. Pero como nos recuerdan estas historias, tu valor no está atado a la validación externa. Proviene de aceptar tus fortalezas únicas y de presentarte como tu yo auténtica.
- **La conexión es una fuente de fortaleza:** A lo largo de sus experiencias, los personajes encontraron apoyo en lugares inesperados: la sabiduría de un mentor, el ánimo de un amigo o incluso su propia reflexión. No tienes que enfrentar los desafíos de la vida solo. Confía en las personas que ven tu potencial y no tengas miedo de apoyarte en ellas cuando lo necesites.

Tu Propio Viaje de Héroe

Cada día estás escribiendo tu propia historia. Como los personajes de este libro, enfrentarás pruebas que pondrán a prueba tu valentía y resiliencia. Habrá días más difíciles que otros, pero cada paso adelante, por pequeño que sea, cuenta.

- **Abraza tu viaje:** No hay un camino único hacia la autoconfianza o el éxito. Tu viaje será tan único como tú. Celebra tus logros y sé amable contigo misma en los días en que parezca que no avanzas.
- **Define el éxito a tu manera:** El mundo siempre tendrá expectativas, pero tú tienes el poder de decidir qué significa el éxito para ti. ¿Se trata de calificaciones? ¿Amistades? ¿Explorar tu creatividad? Sea lo que sea, que sea algo que te traiga alegría y satisfacción.
- **Recuerda:** Eres suficiente, no por lo que logras, cómo te ves o cómo te perciben los demás. Eres suficiente simplemente porque existes.

Un Pensamiento Final

Al regresar a tu propia vida, recuerda que cada historia, incluyendo la tuya, es un trabajo en progreso. Habrá altibajos, triunfos y retrocesos. Pero con cada experiencia, te vuelves más fuerte, más sabia y más en sintonía con tu verdadero yo.

Lleva estas historias contigo como un recordatorio de tu resiliencia, tu valor y tu potencial. Cuando la duda se asome, deja que las voces de estos personajes te recuerden: eres capaz de mucho más de lo que piensas.

Ahora es tu turno de ser el héroe de tu propio viaje. Abraza la aventura, confía en tu fuerza y nunca olvides: siempre eres suficiente.

El Próximo Capítulo Te Espera

El libro puede terminar aquí, pero tu historia continúa. Toma lo que has aprendido, aplícalo en tu vida y recuerda que tienes todo lo necesario para prosperar. Avanza con valentía, confianza y la certeza de que tu viaje es tuyo para moldear.

Para llevar contigo donde sea que vayas en la vida: esperanza, coraje y la inquebrantable creencia en tu propio potencial.

Sobre los Autores

En Aria Capri Publishing, estamos dedicados a fomentar la diversión y el crecimiento a través del aprendizaje para niños y adolescentes. Nuestra misión es empoderar a las mentes jóvenes para que exploren sus propios caminos, abracen su potencial y confíen en su capacidad de crecer. Con una mentalidad abierta y un espíritu de curiosidad, cada niño y adolescente puede dar pasos hacia un futuro más brillante.

Sabemos que los jóvenes son aprendices naturales: están ansiosos y listos para absorber conocimientos a su manera. Reconociendo que no existe un enfoque único para el crecimiento personal, creamos libros enriquecedores. Nuestro objetivo es nutrir las mentes en desarrollo mientras inspiramos confianza, resiliencia y un amor por el aprendizaje que dure toda la vida.

Como padres, entendemos tu deseo de ver a tus hijos y adolescentes prosperar. Por eso, nuestros libros están diseñados para apoyar a lectores de todas las edades en la construcción de una mentalidad de crecimiento y en el descubrimiento de su potencial único.

Somos Mauricio y Devon, un equipo de esposos con una pasión compartida por el aprendizaje continuo y el crecimiento personal. Tras el nacimiento de nuestra hija, Aria Capri, nos sentimos inspirados a crear algo significativo, no solo para ella, sino para las familias en todas partes. Aria es nuestra musa, nuestra motivación y la inspiración detrás del nombre de este grupo editorial. Juntos, estamos comprometidos a ayudar a niños y adolescentes a crecer hasta convertirse en la mejor y más segura versión de sí mismos.

Devon & Mauricio

¡Gracias por Leer!

Esperamos que este libro haya inspirado confianza y crecimiento en la adolescente de tu vida. Si encontraste valor en estas historias, ¡nos encantaría conocer tu opinión! Tu reseña puede ayudar a que otras personas descubran este libro y marque una diferencia en las vidas de más jóvenes lectores.

Para dejar una reseña, simplemente escanea el código QR a continuación o visita la plataforma donde compraste este libro.

Tu apoyo como lector significa todo para nosotros y nos ayuda a seguir creando contenido inspirador.

¡Gracias por ser parte de este viaje!

Devon & Mauricio